숫타니파타
독후감

숫타니파타 독후감

'청년 붓다'를 만나다

김광하 지음

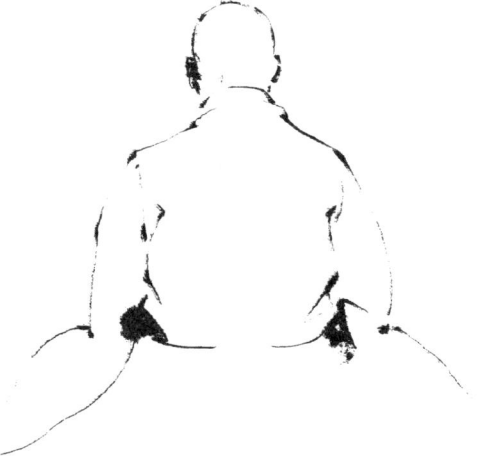

운주사

서문

이 책은 〈법과 등불〉 회원들이 모여 지난 3년 간 『숫타니파타』를 읽으며 서로 탁마한 내용과 내 나름대로 초기경전을 읽으며 정리한 글을 모은 것이다. 잘 알려져 있다시피, 숫타니파타는 불교 경전 중에서도 가장 이른 시기에 성립된 경전 가운데 하나이다. 내가 처음 숫타니파타를 만난 것은 1970년 초 법정 스님이 번역한 책이었다. 그때부터 내 곁에는 늘 숫타니파타가 있었다.

〈법과 등불〉 회원들은 숫타니파타를 통해 현실의 비리와 고통에 대한 투철한 인식과 함께 인간의 행복을 추구한 청년 붓다를 만나는 특별한 경험을 했다. 함께 탁마해준 〈법과 등불〉 회원들께 감사드린다. 특히 회원 중에는 숫타니파타를 포함하여 초기경전을 두루 번역한 퇴현 전재성 박사가 있어서 부처님의 가르침을 더욱 투명하게 이해할 수 있었다. 오랜 도반이자 외우畏友인 퇴현 거사에게도 감사드린다. 모쪼록 많은 사람들이 숫타니파타를 통해 아름다운 청년 붓다를 만날 수 있기를 바란다.

2018년 1월 여운 김광하 합장

서문 5

숫타니파타를 읽는 즐거움

이 세상의 삶은 얼마나 부끄러운 것인가! … 11

바라문 쎌라의 7일 … 19

바라문 모가라자의 숲과 마을 … 26

사소한 잘못에서 두려움을 … 34

위대한 선인 뻥기야의 찬사 … 39

암베드까르의 귀의 … 49

삼매의 핵심 … 62

홀로 있는 기쁨 … 67

진짜 비린 것 … 73

「위대한 축복의 경」을 읽으며 … 78

「보배의 경」을 읽으며 … 92

자비의 실체 … 98

아름다운 사람 … 102

싸리뿟따의 네 가지 질문 … 108

두려움 없는 통찰 … 117

'멀리 여읨'의 맛 … 131

늘 내 곁에 있는 스승

붓다의 내면 … 141

살아 있는 선禪 … 145

가장 어려운 수행 … 150

붓다의 첫 말씀 … 156

손가락 두 마디의 지혜 … 164

데바닷따의 거센 물결 … 172

부처님을 다시 스승으로 … 181

비탈길의 유혹 … 188

바히야의 아침 … 195

투명한 지성 … 204

지금 곧 왕이 되소서 … 214

병든 비구 … 221

행복한 수행 … 228

시간의 그늘 … 233

거대한 뿌리 - 연기와 무아 … 239

평생의 수행 … 250

숫타니파타를 읽는 즐거움

"이 세상의 삶은 얼마나 부끄러운 것인가! 어떤 수행자나 성직자들은 이 세상에서 침몰하여 보이지 않는다. 그들은 계행을 지닌 고귀한 님들이 가야 할 길조차 알지 못한다."

이 세상의 삶은 얼마나 부끄러운 것인가!

불교는 신을 믿는 종교와는 달리, 인간이 스스로 깨달음을 얻는 종교입니다. 그리고 누구나 깨달음을 얻어 붓다가 될 수 있다고 선포한 이가 곧 교조 석가모니 부처님입니다. 그러므로 부처님은 단순히 신앙의 대상에 머물 수 없습니다. 만약 신앙의 대상으로만 부처님을 바라본다면, 불교를 잘못 이해하고 있다고 하지 않을 수 없습니다.

불자라면 깨닫기 전의 부처님, 즉 인간 고따마(고타마)가 누구인지 묻는 것은 자연스러운 일입니다. 부처님 역시 우리와 같은 사람이기 때문입니다. 우리는 불자로서 부처님은 왜 출가를 했는지, 무엇을 고민하였는지, 그리고 깨달음을 얻기 위해 어떻게 수행을 했는지 물을 수 있습니다. 그중에서도 무엇보다 진지하게 물어야 할 것은 부처님이 무슨 고민을 안고 출가하였는가 입니다. 왜 왕자의 지위를 버리고 집을 나왔는지, 그리고 그 고민은 자기 개인의 문제였는지, 아니면 그 너머의 어떤 것인지 물어야 합니다.

경전을 읽다보면 우리의 의문에 빛을 주는 경전을 만나게 됩니다. 경전 중에서도 가장 초기에 성립된 『숫타니파타』 '큰 법문의 품'에 나오는 「정진의 경」이 그것입니다. 이 경에는 종교와 신화의 벽에 가려진, 깨달음을 얻기 전 치열하게 정진하는 33-35세 전후의 부처님의 모습이 잘 나타나 있습니다. 물론 이때는 불교가 형성되기 전이라 승단이나 부처님의 제자가 아직 없었습니다. 그러므로 부처님의 모습을 전해줄 수 있는 존재는 신화적인 악마나 하늘사람일 수밖에 없습니다.

왕자의 지위를 버리고 집을 나선 청년 수행자 고따마는 당시 유행자들처럼 머리를 깎고 스승을 찾았습니다. 고따마는 자신이 찾아간 선정의 스승(알랄라 깔라마와 웃다까 라마뿟따)들이나 고행자들이 여전히 탐욕과 성냄, 무지에 묶여 있는 것을 보았습니다. 부처님은 이들과 결별하고 홀로 네란자라강 근처 나무 밑에 자리를 잡았습니다. 혼자서 세상의 암흑에 맞선 것입니다. 이때는 설산에서의 고행을 포기하고 난 다음이라 몸이 허약할 때로 허약해진 상태였습니다. 「정진의 경」에서는 악마 나무치가 등장하여 부처님에게 수행을 포기하라고 설득합니다.

〔세존〕 네란자라강의 기슭에서 스스로 노력을 기울여 멍에로부터의 평온을 얻기 위해 힘써 정진하여 선정을 닦는 나에게 일어난 일이다. 악마 나무치는 위로하여 말을 건네며 다가왔다.
〔악마〕 "당신은 야위었고 안색이 나쁩니다. 당신은 죽음에 임박해 있습니다. 당신이 죽지 않고 살 가망은 천에 하나입니다. 존자여, 사는 것이 좋습니다. 살아야만 공덕을 성취할 것입니다. 그대가 청정한 삶을 살면서 성화에 제물을 올린다면, 많은 공덕이 쌓이지만, 이러한 그대의 정진이 무슨 소용이 있습니까? 애써 정진하는 길은 가기 힘들고 행하기 힘들며 성취하기도 어렵습니다."
이 같은 시를 읊으면서 악마는 부처님 곁에 서 있었다.
(「정진의 경」, 숫타니파타, 전재성 역)

수행자 고따마가 네란자라강에 자리를 잡은 것은 그 의미가 매우 큽니다. 네란자라강은 바람이 불고 근처에 인가가 있어서 탁발하기 좋은 곳입니다. 이런 장소는 고행자의 입장에서 보면 타락한 수행자가 머무는 곳입니다. 고따마 수행자가 네란자라 강가에 머문 것은 이제 더 이상의 고행이나 선정의 수행을 거부하고, 자신만의 새로운 방식으로 해탈의 길을 찾으려는 결단을 상징합니다. 그 새로운 방식은 고따마가 어릴 적부터 혼자 해오던 '고요한 사색'입니다. 고요한 사색은 몸과 마음에 행복을 가져옵니다. 고따마는 사색에서 오는 행복감은 고행자들이 금기시하는 쾌락과 다르다고 판단했습니다.(『맛지마니까야』 36. 「삿짜까에 대한 큰 경」) 고행자들과 정신적으로 완전히 결별한 것입니다.

악마는 외롭게 앉아 있는 부처님을 보고, '돈을 잃어버렸거나' 혹은 '마을에서 죄를 지은 사람'이 아니냐고 조롱했습니다.(『쌍윳따니까야』 4:24 (3-4)). 악마는 고행의 후유증으로 죽음을 눈앞에 둔 수행자 고따마에게 차라리 다른 여느 수행자들처럼 불에 제사를 지내며 공덕을 쌓기를 권합니다.

〔세존〕"방일의 친척이여, 악한 자여, 어떠한 목적으로 이 세상에 왔는가? 털끝만큼의 공덕을 이루는 것도 내게는 필요가 없다. 공덕을 필요로 하는 자, 그들에게 악마는 말해야 하리라. 내게는 믿음이 있고, 정진이 있고, 내게는 또한 지혜가 있다. 이처럼 용맹을 기울이는 나에게 그대는 어찌하여 삶의 보전에 관해 묻는가? 이러한 정진에서 나오는 바람은 흐르는 강물조차 마르게 할 것이다. 이처럼 용맹을 기울이는 나에게 피가 어찌 마르지 않겠는가! 몸의 피가 마르면, 쓸개도 가래

침도 마르리라. 살이 빠지면, 마음은 더욱 더 맑아지고, 나는 새김과 지혜, 그리고 삼매에 든다. 이와 같이 지내며 나는 최상의 느낌을 누리니, 내 마음에는 감각적 쾌락에 대한 기대가 없다. 보라, 존재의 청정함을!"(「정진의 경」6번~11번 구절)

당시 타락한 바라문 성직자들은 제사를 지내주고 그 대가로 부를 축적했습니다. 그리고 재앙을 피하고 복을 얻는다고 주문을 제작하여 팔았습니다. 바라문들이 쌓은 부에는 토지, 집, 마차, 보물, 여자까지 들어 있었습니다. 한 편, 고행자들은 먹을 것과 잠자리를 해결하기 위해 자신의 수행을 과장하는 위선을 저질렀습니다. 고따마는 바라문과 고행자들의 이러한 위선과 탐욕을 꿰뚫고 있었습니다. 부처님은 아래와 같이 당시 종교계급인 바라문이나 고행자들의 위선과 집착을 여덟 가지로 상세히 설명합니다.

"그대의 첫 번째 군대는 욕망, 두 번째 군대는 혐오라 불리고, 그대의 세 번째 군대는 기갈, 네 번째 군대는 갈애라 불린다. 그대의 다섯째 군대는 권태와 수면, 여섯째 군대는 공포라 불리고, 그대의 일곱째 군대는 의혹, 여덟째 군대는 위선과 고집이라 불린다. 잘못 얻어진 이득과 명예와 칭송과 명성, 그리고 자기를 칭찬하고 타인을 경멸하는 것도 있다. 나무치여,

이것들이 그대의 군대, 검은 악마의 공격군인 것이다. 비겁한 자는 그를 이겨낼 수가 없으니 영웅은 그를 이겨내어 즐거움을 얻는다." (「정진의 경」 12번~15번 구절)

여덟 가지를 하나하나 살펴보면, 당시 세상(특히 바라문 사제 계급과 수행자)의 비리와 모순을 비판하는 젊은 구도자의 생생한 문제의식을 읽을 수 있습니다. 특히 감각적 쾌락에 대한 욕망, 미움, 의심, 위선과 고집, 그리고 잘못된 방법으로 얻으려는 명예, 명성, 환대에 대한 집착, 자기를 칭찬하고 남을 경멸하는 것 등은 오늘 종교의 현실을 방불케 합니다. 고따마가 벗어나고자 탐구했던 것은 인간의 무명無明입니다. 무명은, 더 구체적으로는, 당시 바라문이나 수행자 등 성직자들의 탐욕과 위선입니다. 그러므로 적어도 수행자 고따마에게는 탐욕과 위선을 넘어서는 진정한 진리는 아직 밝혀지지 않았습니다. 수천 년 내려온 베다의 전통이나 당시 깊은 선정으로 이름이 높은 스승들의 권위마저 거부하는 청년 수행자의 용감하고도 맑은 지성을 볼 수 있습니다.

"차라리 나는 문자풀(전쟁에서 병사가 죽기를 각오하며 입에 무는 풀)을 걸치겠다. 이 세상의 삶은 얼마나 부끄러운 것인가! 내게는 패해서 사는 것보다는 싸워서 죽는 편이 오히려 낫다.

어떤 수행자나 성직자들은 이 세상에서 침몰하여 보이지 않는다. 그들은 계행을 지닌 고귀한 님들이 가야 할 길조차 알지 못한다. 코끼리 위에 올라탄 악마와 더불어, 주변에 깃발을 든 군대를 보았으니, 나는 그들을 맞아 싸우리라. 나로 하여금 이곳에서 물러나지 않게 하라."(「정진의 경」 16번~18번 구절)

고따마의 탄식 '이 세상의 삶은 얼마나 부끄러운 것인가?'는 오늘도 듣는 이의 가슴을 울립니다. 청년 수행자 고따마는 차라리 죽을지언정 타락한 성직자들처럼 욕망과 집착의 유혹에 쓰러지지 않겠다고 결심했습니다. 부처님은 수행자가 스스로 부끄러움을 느끼지 못하면 진리를 추구할 수 없다고 말했습니다. 부끄러움을 아는 것은 수행자가 지녀야 할 매우 중요한 덕목입니다. 수행자가 부끄러움을 느낄 때, '멀리 여읨(遠離)'과 '고요함(寂滅)'의 가치를 받아들일 수 있습니다. '멀리 여읨'은 명예와 환대에 대한 집착, 위선과 고집, 자기를 칭찬하고 남을 경멸하는 것 등 '나와 내 것'에 대한 욕망과 집착에서 멀리 떠남을 의미합니다.

「정진의 경」을 보면, 30세 전후의 청년 수행자 고따마는 지금 우리가 사는 세상에서도 공감할 수 있는 종교와 인간의 문제를 고민하고 있습니다. 부처님의 깨달음은 인간의 탐욕과 분노, 위선, 명예와 환대에 대한 집착 등에서 해탈하는 길을 가르칩니다. 특히 부처님의 가르침은 고요한 사색과 행복에서 출발하고 있다는 점에서 권위적인 전통이나 극단적인 고행을 넘어 누구나 다가갈 수 있는 인류의 지성을 깨우는 역사적 의미가 있습니다.

바라문 쎌라의 7일

『숫타니파타』 제3 큰 법문의 품에는 「쎌라의 경」이 나옵니다. 바라문 쎌라는 부처님의 제자가 된 사람인데, 출가 전에는 바라문의 대학자였습니다. 그는 300명의 바라문에게 베다를 가르쳤습니다. 그의 제자 중 '께니야'는 빔비사라왕과 그 부하들을 초청하여 공양을 대접할 정도로 지위가 대단했습니다. 바라문 쎌라의 정치적 사회적 위치를 짐작할 수 있습니다.

대학자 바라문 쎌라는 학식이 높았음에도 죽음을 앞두고 마음이 편치 않았습니다. 바라문 종교의 교리에 따르면, 사람은 죽어도 참다운 자아自我인 아트만이 있어서 영원히 죽지 않습니다. 그러므로 바라문에게는 아트만을 깨달아 해탈하거나, 아니면 더 좋은 곳으로 윤회하는 일만 남아 있습니다. 바라문의 교리를 따르는 쎌라에게는 죽음이 존재할 수 없습니다.

종교는 죽음에 대해 많은 이론을 만들어냈습니다. 영원한 생명을 주장하는 종교일수록 죽음을 부정하거나 마치 죽음이 존재하지 않는 것처럼 외면합니다. 아트만도 그 한 예입니다. 그러나 인간은 막상 죽음을 앞에 두면 상실감에 시달립니다. 죽음 앞에서는 자기가 소유한 재산이나 명예가 자기를 지켜줄 수 없으며, 심지어 죽음에 대한 이론도 자기를 보호해주지 못합니다. 바라문 쎌라가 부처님을 찾은 것은 당장 자신의 죽음 앞에서는 일어나는 상실감을 이겨낼 수 없었기 때문이 아닐까요? 쎌라는 처음 부처님을 보고나서는 확신이 가지 않았습니다. 그러나 부처님과 대화를 주고받으며, 마침내 제자들과 함께 부처님께 출가했습니다. 그는 제자들에게 부처님이 화살을 뽑아버린 영웅이라고 찬탄했습니다.

"그대들이여, 눈을 갖춘 님께서 말씀하시는 대로 경청하라. 화살을 뽑아버린 위대한 영웅께서 사자처럼 숲속에서 포효하신다."(「쎌라의 경」 36번 구절, 숫타니파타, 전재성 역)

다음은 「화살의 경」의 일부입니다. 부처님은 번뇌를 '심장에 박힌 화살'이라고 표현했습니다. 「화살의 경」이 「쎌라의 경」 다음에 등장하고, 쎌라 또한 부처님을 화살을 뽑아버린 영웅이라고 찬탄하는 것으로 보아 「화살의 경」은 부처님이 쎌라에게 직접 설한 법문이 아닌가 생각됩니다.

"사람의 목숨은 정해져 있지 않아 알 수 없고, 애처롭고 짧아 고통으로 엉켜 있습니다. 태어나 죽지 않고자 하나, 그 방도가 결코 없습니다. 늙으면 반드시 죽음이 닥치는 것입니다. 뭇삶의 운명은 이러한 것입니다. 모든 사람은 반드시 죽습니다. 죽음에 패배당하여 저 세상으로 가지만, 아비도 그 자식을 구하지 못하고 친지들도 자신들이 아는 자를 구하지 못합니다. 그러므로 현명한 사람들은 세상의 이치를 알아 슬퍼하지 않습니다. 자신을 위해 행복을 구하는 사람이라면, 자신에게 있는 비탄과 탐욕과 근심 등 번뇌의 화살을 뽑아버려야 합니다. 번뇌의 화살을 뽑아, 집착 없이 마음의 평안을 얻는다면, 모든 슬픔을 뛰어넘어 슬픔 없는 님으로 열반에 들 것입니다." (「화살의 경」, 숫타니파타, 큰 법문의 품)

부처님은 태어나면 누구나 늙고 죽는 것이 세상의 이치이니, 그대로 받아들이라고 합니다. 이 말만큼 쎌라에게 놀라운 말은 없습니다. 부처님의 법문을 찬찬히 새겨보면, 죽음을 놓고 당시 바라문들이 하듯, 다음 생을 위해 제사를 지내라거나, 죽음을 넘어선 영원한 자아(아트만)에 대한 말을 일절 하지 않습니다. 부처님은 모든 존재는 무상無常하고, 내가 아니며, 그 속에 자아가 없다는 진실을 깨달았습니다. 부처님의 가르침에 따라 무아無我의 진리를 본 사람은 비탄, 탐욕, 근심 등의 고통에서 벗어납니다. 이 모든 번뇌가 몸을 '나'라든가 '내 것'이라고 여기는 전도된 생각에서 일어나는 무명無明임을 아는 까닭입니다.

바라문 쎌라는 부처님을 만나 법문을 듣고는 7일이 지나서야 그 뜻에 가까이 갈 수 있었습니다. 7일 동안 고민과 갈등을 하다, 마침내 평생 동안 지켜온 아트만에 대한 신념을 버리고, 무아의 진리를 받아들인 것입니다. 그는 부처님을 만나 이렇게 찬탄했습니다.

"눈을 갖춘 님이시여, 당신께 귀의한 지 오늘로써 여드레 되었습니다만, 세존이시여, 이레가 지나서 당신의 가르침에 길들여졌습니다. 당신은 깨달으신 분이고, 스승이고, 악마의 정복자이며, 성자이십니다. 당신은 모든 악한 경향을 끊고, 몸소 건너시고, 사람들을 건네주십니다. 당신은 집착의 대상을 뛰어넘고, 모든 번뇌를 부수어 버렸습니다. 두려움을 버리고, 공포를 여의어, 집착할 만한 것이 없는 사자이십니다."
(「쎌라의 경」 47~49번 구절, 숫타니파타, 큰 법문의 품)

쎌라는 베다를 배우는 바라문 학생들이 존경하는 대학자입니다. 바라문으로서 수천 년의 전통과 종교적 권위를 가진 베다의 교리를 부정하는 것은 결코 쉽지 않습니다. 그러나 쎌라는 8일째 되는 날, 마침내 부처님의 가르침을 받아들여 집착과 두려움의 화살을 뽑았습니다. 부처님은 죽음을 벗어나는 길을 묻는 한 바라문 학생에게 이렇게 대답했습니다.

〔바라문 모가라자〕"놀라운 통찰을 지닌 님께 묻고자 왔습니다. 어떻게 세상을 관찰하는 님을 죽음의 왕은 보지 못합니까?"
〔세존〕"모가라자여, 항상 새김을 확립하고, 실체를 고집하는 편견을 버리고, 세상을 공空으로 관찰하십시오. 그러면 죽음을 넘어설 수가 있습니다. 이와 같이 세상을 관찰하는 자는 죽음의 왕이 보지 못합니다."
(「학인 모가라자의 질문에 대한 경」, 숫타니파타, 피안 가는 길의 품)

무아의 진리는 자신의 사고와 가치관에 대한 진지한 성찰을 요구합니다. 부처님은 '내 것'이 아니면 버리라고 말했습니다. 버리는 것은 소유물을 버리는 것이 아닌, 우리의 소유욕구의 맹목성을 깨달아 '내 것'이라는 잘못된 의식을 버리는 것입니다.

〔세존〕"수행승들이여, 그대들의 것이 아닌 것들을 버려라.

그대들이 그것을 버리면 유익하고 안락하리라. 수행승들이여, 무엇이 그대들의 것이 아닌가? 수행승들이여, 물질(色)은 그대들의 것이 아니다. 그러므로 그것을 버려라. 그대들이 그것을 버리면 유익하고 안락하리라. 이와 같이 느낌(受), 지각(想), 형성(行), 의식(識)도 그대들의 것이 아니다. 그러므로 그것을 버려라. 그대들이 그것을 버리면 유익하고 안락하리라. 수행승들이여, 예를 들어 이 제따 숲에 풀들과 나무들과 가지들과 잎사귀들이 있는데, 그것들을 사람들에게 가져다 태우거나 원하는 대로 처분하도록 하면, 그대들은 그 사람이 우리들도 데려가 태우거나 원하는 대로 처분해 버릴 것이라고 여기는가?"
〔수행승들〕"세존이시여, 그렇지 않습니다."
〔세존〕"그것은 무슨 까닭인가?"
〔수행승들〕"세존이시여, 그것은 '나'이거나 '나의 것'이 아니기 때문입니다."
〔세존〕"수행승들이여, 이와 같이 물질, 느낌, 지각, 형성, 의식은 그대들의 것이 아니다. 그러므로 그대들의 것이 아닌 것을 버려라. 그대들이 그것을 버리면 유익하고 안락하리라."
(「그대의 것이 아님」의 경 요약, 쌍윳따니까야, 전재성 역)

삶과 죽음이 일어나는 이 몸은 내가 아니며 그 속에 자아가 없는 사실을 보는 자는 삶과 죽음에서 '멀리 여읨(遠離)'이 일어납니다. 쎌라의 해탈은 쎌라가 바라문으로서 수천 년 내려오는 베다의 교리를 고집했으면 일어날 수 없었습니다. 쎌라의 깨달음은 수행과 깨달음은 햇수와 상관이 없으며, 진정한 수행은 자기 내면의 혼란과 정직하게 만나는 것임을 우리에게 보여줍니다.

바라문 모가라자의 숲과 마을

바라문 모가라자는 자기 안의 아트만을 굳게 믿는 사람입니다. 『우파니샤드』의 가르침에 따르면, 아트만은 우주의 근본이며, 불생불멸의 존재입니다. 인간을 구성하는 오온(색수상행식色受想行識; 물질, 느낌, 지각, 형성, 의식)은 생멸을 거듭하지만, 사람의 몸(심장) 안에 존재하는 쌀알보다 작은 아트만은 영원히 없어지지 않는 불멸입니다. 해탈은 자기 속의 아트만과 우주의 영원한 실재인 브라만의 합일입니다. 이 합일에 도달하면 죽음의 신도 영원히 볼 수 없으니, 바라만 모가라자에게는 이 해탈이 평생의 목표입니다. 반면, 해탈하지 못한 영혼은 지은 업에 따라 하늘과 땅과 지옥을 거듭 태어나며 윤회합니다.

모가라자는 해탈을 했다고 알려진 붓다를 만나 두 번이나 해탈에 대한 질문을 했으나, 붓다는 침묵을 지켰습니다. 우리가 알

다시피, 붓다는 무아無我를 깨달은 스승입니다. 그러므로 붓다가 모가라자의 질문에 침묵을 지킨 것은 어찌 보면 당연하다고 할 수 있습니다. 한편, 모가라자와 붓다의 대화를 전하는 『숫타니파타』 「피안 가는 길의 품」에는 모가라자를 포함하여 모두 열여섯 바라문들이 진리와 수행에 대해 붓다와 토론합니다. 바라문 학자 모가라자는 논의가 끝날 무렵 다시 한 번 붓다에게 질문을 했습니다. 더 이상 미루면 다시는 붓다의 대답을 들을 수 없다고 생각했는지도 모르지요. 실상 모가라자에게는 붓다의 가르침은 매우 생소하였습니다. 그는 붓다의 견해는 세상에 충분히 알려지지 않았다고 말하며, 자기의 질문에 대답해줄 것을 다시 요청했습니다.

〔모가라자〕"저는 지난날 두 번이나 싸끼야(석가) 님께 여쭈었습니다만, 눈을 갖춘 님께서는 대답하지 않았습니다. 그러나 거룩한 신선께서는 세 번째에는, 설명하신다고 저는 들었습니다. 이 세상도 다른 세상도, 신들의 세상도, 하느님들의 세상도, 명성이 드높은 고따마 님의 견해를 잘 모르고 있습니다. 이렇듯 놀라운 통찰을 지닌 님께 묻고자 왔습니다. 어떻게 세상을 관찰하는 님을 죽음의 왕은 보지 못합니까?"
(「학인 모가라자의 질문에 대한 경」, 숫타니파타, 전재성 역)

마침내 붓다는 더 이상 침묵하지 않고 자신이 깨달은 진리를 밝혔습니다.

〔세존〕"모가라자여, 항상 새김을 확립하고 실체를 고집하는 편견을 버리고, 세상을 공空으로 관찰하십시오. 그러면 죽음을 넘어설 수가 있습니다. 이와 같이 세상을 관찰하는 님을 죽음의 왕은 보지 못합니다."

붓다는 모가라자에게 실체를 고집하는 편견을 버리라고 말합니다. 그리고 세상(여기서는 물질, 느낌, 지각, 형성, 의식 등 오온을 뜻합니다)을 공空하게 보라고 법문합니다. 『숫타니파타』를 번역한 전재성 박사에 따르면, 여기서 말하는 공空은 대승불교에서 말하는 공이 아니라, 초기불교적 관점에서 보아야 합니다. 숲을 예로 들면, 일반적으로 수행자들이 머무는 숲속에는 인가와 멀리 떨어져 있기 때문에 마을이 없습니다. 그러므로 숲속에 마을이 있다고 믿는 사람에게 숲은 비어 있다고 말할 수밖에 없습니다. 숲이 비어 있다고 하여 마을이 없다는 뜻이지, 숲이 없다는 말은 아닙니다. 오히려 숲 자체는 그대로 있는 것이므로 숲은 공하지 않다(不空)고 말할 수 있습니다.

숲속에 마을이 있다고 믿는 사람과 같이, 오온 속에 아트만이 있다고 믿는 모가라자에게 붓다는 사람의 내면에는 다만 오온이 존재할 뿐, 그 속에는 영원한 실체가 없다고 말합니다. 그러므로 오온을 비어 있는 공空으로 관찰해야 진정한 해탈이며, 죽음의 신이 보지 못합니다. 아트만과 브라만의 합일을 추구하는 모가라자에게 붓다의 말은 전통적인 베다의 가르침을 정면으로 부정하는 말입니다. 두 번이나 침묵을 지켰던 붓다가 마침내 밝힌 해탈의 진리는 모가라자가 평생 지켜온 신념을 흔들었습니다.

무상無常과 무아無我의 진리(담마)를 올바로 이해하면, 실체가 있다고 주장하는 견해가 편견임을 알게 됩니다. 다음은 아함부나 니까야 등 초기경전 군에서 자주 접하는 붓다의 가르침입니다.

〔세존〕 "수행승들이여, 어떻게 생각하는가? 물질은 영원한가, 무상한가?"
〔수행승들〕 "세존이시여, 무상합니다."
〔세존〕 "그렇다면 무상한 것은 괴로운 것인가, 즐거운 것인가?"
〔수행승들〕 "세존이시여, 괴로운 것입니다."
〔세존〕 "그런데 무상하고 괴롭고 변화하는 것을 '이것은 나의 것이고, 이것은 나이고, 이것은 나의 자아이다.'라고 여기는

것은 옳은 것인가?"

〔수행승들〕"세존이시여, 옳지 않습니다."

(물질 외에도 느낌, 지각, 형성, 의식 등에 대해서도 같은 질문을 했고, 붓다는 같은 형식으로 대답을 했다.)

(「희생되는 것에 대한 경」, 쌍윳따니까야, 전재성 역)

주석에 의하면, 모가라자는 자신의 견해를 버리고 붓다에게 귀의했습니다. 헛된 해탈에서 멀리 벗어난 것입니다. 그는 늘 재단사나 염색공이 버린 옷을 입고 다녔으므로, 붓다는 그를 두고 '거친 옷을 입고 다니는 이 가운데 제일'이라고 불렀습니다. 무아의 진리를 받아들이면, 평생의 짐을 내려놓습니다. 몸과 마음이 내가 아님을 깨달은 수행자는 교만하지 않고, 최소한의 필수품으로 만족하며 지냅니다. 그러므로 무아의 진리는 단순히 아트만이 없다는 뜻에 머물지 않고, 한걸음 더 나아가 욕망과 집착의 어둠(無明)을 꿰뚫는 가르침입니다.

「피안 가는 길의 품」에 등장하는 바라문 모가라자와 붓다의 대화는 불교의 진정한 메시지가 무엇인지 보여주고 있습니다. 당시 바라문들은 왕이나 귀족, 장자들을 위해 내생의 복을 빌어주거나, 전쟁의 승리를 위해 제사를 지내주고 토지나 재물을 받아 거대한 부를 축적하였습니다. 붓다는 바라문들이 믿는 아트만과 이에 따른 윤회와 해탈의 관념이 허구이며, 인간의 문제는 탐욕 분노 폭력 어리석음 등 지금 여기에서 일어나는 갈애에 있다고 주장했습니다. 참으로 놀라운 인식의 전환이며, 세상의 긴 어둠을 깨우는 목탁소리입니다. 붓다의 문제의식은 초기경전 『숫타니파타』 곳곳에서 만날 수 있습니다.

"욕망을 조건으로 존재의 환희에 묶인 자들, 그들은 미래와 또는 과거를 생각하면서, 이러한 현재나 과거의 감각적 쾌락에 탐착하기 때문에, 스스로도 해탈하기 어렵고 남에 의해서 해탈되기 어렵다. 감각적 쾌락에 탐닉하고 열중하는, 미혹되고 비열한, 바르지 못한 행위에 빠진 사람들, 그들은 괴로움에 짓눌려 '여기서 죽으면 나는 어떻게 될까?' 하고 비탄해한다. 갈애에 사로잡힌 존재들 가운데, 세상에서 떨고 있는 뭇삶을 나는 본다. 다양한 존재에 대한 갈애를 떠나지 못한 채, 못난 사람들은 죽음에 직면하여 비탄해한다. 내 것이라고 동요하고 있는 사람들을 보라. 잦아드는 물웅덩이의 물고기들과 같다. 이 모습을 보고, '나의 것'을 떨치고 존재들에 대한 집착을 버리고 유행하라."(「동굴에 대한 여덟 게송의 경」, 숫타니파타)

〈법과 등불〉 회원들은 모가라자의 질문과 붓다의 대답에 대해 다양한 담론을 나누었습니다. 한 도반은 『숫타니파타』를 공부하며 붓다의 가르침이 오늘 우리 불교의 현실, 특히 불교 교단 및 사찰의 패러다임과 상당한 괴리가 있음을 지적했습니다. 또 한 도반은 자신의 은퇴를 즈음하여 무엇을 해야 할지 계획을 세우고 있다고 말하며, 자신의 구상이 혹 갈애에 근거하고 있지는 않은지 돌아보게 된다고 말했습니다. 이런저런 대화를 나누며, 나는 우리 도반들의 빛나는 지성知性을 체험했습니다.

미래에 대한 안전이나 기복, 또는 관념적인 깨달음을 버리고, 자신의 삶과 갈애를 성찰하는 것이야말로 붓다의 진정한 가르침입니다. 붓다의 제자는 다음 생의 복을 바라거나 영원한 자아를 찾으려는 미망에서 벗어나, 지금 여기 삶에서 일어나는 '나와 내 것'에 대한 갈애를 성찰하며 무아의 진리를 실천해 나아가는 사람입니다. 갈애를 성찰하는 일은 결코 쉽지 않습니다. 때로는 오히려 앞이 보이지 않는 어둠과 혼란을 만나게 되는 일도 많습니다. 그러나 맹목적인 신념을 따르는 쉬운 길을 버리고, 자신의 욕망과 집착을 성찰하는 일은 진실한 인간의 길이요, 우리의 스승 붓다가 걸었던 길입니다.

붓다의 가르침에 따라 물질적 형상 등 오온에는 '내'가 없으며, 또한 '내가 아님'을 깨달으면, 적멸(寂滅, 고요함)을 얻게 됩니다. 초기경전에서 말하는 적멸은 더 이상 욕망의 경계에 휘둘리지 않는 고요한 경지입니다. 적멸은 성찰과 깨달음에서 일어나기 때문에 반지성적인 종교적 엑스터시와 다릅니다. 또한 집착을 버림에 따라 스스로 마음의 평정과 행복을 누린다는 점에서 관념적 초월과도 다릅니다. 붓다의 수많은 제자들은 깨달음과 행복(열반)은 붓다의 가르침을 따르면 누구나 얻을 수 있다는 사실을 증명했습니다.

사소한 잘못에서 두려움을

도반들과 함께 『숫타니파타』 가운데 마지막 품 「피안 가는 길의 품」을 공부했습니다. 다음은 그 가운데 특히 마음에 남는 구절입니다.

〔존자 자뚜깐닌〕 "감각적 쾌락에 대한 욕망이 없는 영웅에 대하여 듣고자, 거센 흐름을 건너 욕망을 뛰어넘은 자에 대해 묻고자, 이곳에 왔습니다. 적멸의 경지를 말씀해 주십시오. 전지의 눈을 지닌 세존이시여, 사실대로 말씀해 주십시오."
〔세존〕 "자뚜깐닌이여, 모든 감각적 쾌락에 대한 탐욕을 억제하십시오. 그것을 여의는 것이야말로 안온이라고 통찰하여, 그대는 어떠한 것도 취하거나 버려서는 안 됩니다. 과거에 있었던 것을 말려 버리고, 미래에는 그대에게 아무것도 없게 하십시오. 현재에 대해서도 집착하지 않는다면, 그대는 적멸을

이룰 것입니다."

(「학인 자뚜깐닌의 질문에 대한 경」, 숫타니파타, 전재성 역)

　탐욕은 소유(나의 것)에 대한 집착입니다. '내 것'에 대한 집착은 단순히 명예와 재물을 넘어, 수행의 경지도 포함됩니다. 명예와 재물에 쾌락을 느끼면 상실에 대한 두려움과 아울러 미래에 대한 집착이 일어납니다. 수행의 경지를 두고 서로 싸우며 스스로 자기의 수행경력이나 햇수를 내세우는 것도 시간에 대한 집착입니다. 입으로는 거창하게 마음이니 허공이니 하면서도, 우리의 행동은 이처럼 욕망의 시간이 지배하고 있습니다. 부처님은 과거를 말려버리고, 미래에는 아무것도 없게 하며, 현재에 대해서도 집착하지 말라고 가르칩니다. 시간은 참으로 거센 물결이기 때문입니다. 소유에 대한 집착 속에 과거와 현재와 미래의 시간을 발견한 부처님의 깊은 사색에 머리를 숙이지 않을 수 없습니다.

　집착이 어떤 형태로 자리 잡고 있는지 그 원인과 결과를 관찰하는 연기법적인 사색이 곧 초기불교의 선(명상)입니다. 무엇보다 과거·현재·미래의 뿌리는 '내가 얻은 것'에 대한 집착입니다.

"수행승은 악마의 영역에 집착하는 사람들을 보고 '얻은 것에 집착하는 사람들이다.'라고 관찰하면서, 새김을 확립하고, 분명히 알아차려서, 일체의 세계에서 어느 것에도 집착해서는 안 됩니다." (「학인 바드라부다의 질문에 대한 경」, 숫타니파타)

부처님은 연기법적인 수행이 무엇인지 자상하게 알려줍니다. 수행자는 첫째, '얻은 것'(소유)에 집착하는 탐욕은 곧 나고 죽음의 굴레에 떨어지는 악마의 영역임을 관찰하고, 둘째 이 사실을 잘 기억하고 새겨야 하며, 셋째 분명히 알아차립니다. 마지막 넷째는 마침내 행동에 옮기는 것이니 집착을 버리고 유행합니다. 이러한 과정은 단순히 '내가 없다'는 무아無我의 진리를 관념적으로 이해하는 것과 달리, '나와 내 것'에 대한 집착을 관찰하는 내적인 성찰입니다. 보이지 않는 자신의 마음을 보는 것은 참으로 어려운 일이라고 부처님은 말씀했습니다.

분명히 알아차리는 것은 평소 부처님의 가르침을 기억하고 새김을 잘 확립할 때 가능합니다. 그러나 우리는 쉽게 게으르고, 내적인 성찰을 놓치기 쉽습니다. '부처님이 우리와 다른 점은 무엇일까?' 이 문제에 대해 도반들끼리 서로 대화를 나누었습니다. 그중 음악을 전공한 한 도반의 설명이 감동 깊었습니다. 덕분에 분명하지 않았던 연기법의 수행이 좀 더 가깝게 다가왔습니다.

　도반의 견해에 따르면, 작은 잘못이라도 깊이 성찰하는 연기법적인 수행은 마치 악기를 처음 배울 때, 작은 버릇이라도 잘 살피는 것과 같습니다. 자칫 잘못 익힌 작은 버릇이 종내에는 훌륭한 연주를 하는 데 큰 장애가 될 수 있기 때문입니다. 마찬가지로 부처님은 사소한 집착이나 욕망이 큰 고통을 가져오는 인과因果를 성찰한 분입니다. 그래서 제자들에게 인과의 전체적 과정을 설명하고 이 사실을 기억하고 새겨서 작은 허물이라도 분명히 알아차리라고 가르쳤습니다. 이러한 태도는 현실의 고통에 대한 진지한 관심이 없으면 일어날 수 없습니다. 그러므로 연기법緣起法은 추상적인 철학이나 고답적인 명상이 아니라, 자신의 사소한 잘못을 진지하게 관찰하고, 나아가 욕망이 사라진 적멸을 얻는 과정입니다.

　부처님이 수행을 네 가지 단계로 자상하게 법문하는 것을 들으면, 사람들을 해탈로 이끌어주고자 하는 순수한 동기를 느끼지 않을 수 없습니다. 부처님은 진리의 길을 함께 걷는 도반의 중요함을 일찍이 간파하고, 도반들이 모여 서로 수행을 격려하고 법담을 나누라고 당부했습니다. 부처님은 마음이 성숙하지 못했을 때 다섯 가지 원칙을 지니라고 했습니다.

①좋은 벗과 사귈 것.

②먼저 배운 벗에게서 계율을 배우고 지켜, 사소한 잘못에서도 두려움을 볼 것.

③좋은 벗에게서 해탈에 도움이 되는 법담(삼매, 열반, 소욕, 지혜)을 들을 것.

④선을 기르고 악을 물리치는 노력을 할 것.

⑤괴로움이 일어나고 괴로움을 소멸하는 진리(사성제)에 대한 지혜를 갖출 것. (「메기야의 경」, 우다나, 전재성 역, 메기야의 품)

놀라운 것은 둘째 구절입니다. 부처님은 사소한 잘못에서 두려움을 보라고 법문합니다. 시간(과거 현재 미래)과 소유에 대한 집착은 사소한 유혹에서 일어나기 때문에 자신의 내면을 섬세하고 진지하게 관찰하지 않으면, 사소한 잘못에서 두려움을 보기 어렵습니다. 잘못을 성찰하는 것은 거창한 구호나 극한적인 고행을 요구하지 않습니다. 그러나 많은 사람들이 이 고요한 내면의 수행을 통해 멀리 여읨(遠離)과 고요함(寂滅)을 얻었습니다. 생로병사의 고통을 넘어 해탈과 평안의 길을 보여주신 부처님께 합장합니다.

위대한 선인 뼹기야의 찬사

『숫타니파타』의 마지막 장인 「피안 가는 길의 품」은 구성이 매우 독특합니다. 전체 내용은 바라문 열여섯 명이 붓다를 방문하여 토론을 벌인 대화록입니다. 열여섯 바라문이 질문한 것을 각각 한 장으로 하여 모두 16장, 그리고 여기에 서시와 마무리를 합해 모두 18장으로 이루어져 있습니다. 열여섯 바라문의 질문을 하나하나 음미해보면, 당시 바라문들의 수행과 학문의 깊이에 놀라게 됩니다. 그들이 붓다를 방문하게 되는 인연도 매우 극적입니다.

바바린은 사람들의 숭배를 받는 대바라문입니다. 그는 고대 인도의 성전 베다(Veda)에 통달하였으며, 큰 제사를 지냈습니다. 큰 제사를 지낸다는 것은 바라문으로서의 권위가 높을 뿐만 아니라, 수입이 많다는 것을 의미합니다. 당시 바라문들은 왕이나 귀족을 위해 제사를 해주는 대가로 값비싼 보물과 땅을 받았습니다. 어느 날 행색이 남루한 한 유행자가 바바린을 찾았습니다. 재산이 많은 것을 본 유행자는 바바린에게 오백 금을 요구하였습니다. 그리고 보시를 하지 않으면 이레 안에 머리가 터질 것이라고 위협하며 주문을 외웠습니다. 바바린은 보시를 거부했지만, 마음이 썩 편치 않았습니다. 경전은 바바린의 심정을 이렇게 표현하고 있습니다.

"그는 근심의 화살에 맞아, 풀이 죽어 음식도 먹지 않았다. 더욱이 이런 마음을 지닌 그의 정신은 선정을 누리지 못했다."
(「서시의 경」, 숫타니파타, 전재성 역, 피안 가는 길의 품)

비록 유행자의 말이 거짓이라고 해도 그는 안절부절하지 못하였으니, 평소 대바라문으로서 누리던 선정禪定은 더 이상 그의 것이 아니었습니다. 만약 우리 누구라도 무당이나 점장이에게 위와 같은 저주의 말을 들었다면 과연 평상심을 유지할 수 있을까요? 지금도 불량한 종교가는 이런 위협으로 신도들의 재산을 빼앗고 있습니다.

바바린은 고통에 휩싸이다가 주위에서 붓다에 대한 소문을 듣게 됩니다. '해탈을 했다는 그에게 물으면 이 무서운 저주의 고통에서 벗어날 수 있지 않을까?' 생각이 여기에 이른 바바린은 주위 바라문들에게 고따마 붓다를 찾아 고통에서 벗어나는 길을 물어달라고 청했습니다. 이렇게 되어 열여섯 바라문들(그들은 각각 많은 추종자를 지닌 바라문들의 스승이었다)은 사밧티 시에 있는 붓다를 찾아가게 되었습니다. 경전은 그들 하나하나의 이름을 나열하고 있습니다.

"바바린의 말을 듣고 제자인 열여섯 명의 바라문들, 아지따와 띳사, 멧떼이야, 뿐나까, 그리고 멧따구. 도따까, 우빠시바, 난다와 그리고 헤마까, 또데이야, 깝빠, 현명한 자인 자뚜깐닌, 바드라부다, 우다야, 뽀쌀라 바라문과 또한 슬기로운 자인 모가라자와 위대한 선인인 삥기야. 그들은 각자 무리들을 이끌고 있었으며, 온 세상에 잘 알려져 있고, 선정에 드는 자들이며, 선정을 즐기고, 슬기로운 자들이고, 전생의 삶에서 향기를 내는 사람들이었다. 모두 결발을 하고 사슴가죽을 걸친 그들은 모두 바바린에게 절하고, 그를 오른쪽으로 돌아 북쪽을 향해서 그곳을 떠났다."(「서시의 경」)

열여섯 바라문들은 각자 무리들을 이끌고 있었으며, 온 세상에 잘 알려져 있고, 선정에 드는 자들이며, 선정을 즐기고, 슬기로운 자들이었다고 합니다. 이들은 모두 결발을 하고 사슴가죽을 걸쳤다고 하니, 『숫타니파타』를 읽는 누구라도 그들의 모습을 쉽게 상상할 수 있습니다. 먼 훗날의 수행자들을 위해 숫타니파타를 전승한 분들의 자비로움에 머리를 숙이게 됩니다.

여기서 눈을 끄는 사람은 위대한 선인 삥기야입니다. 삥기야는 열여섯 바라문 중에서 가장 나이가 많은 사람이며, 가장 나중에 붓다에게 질문을 합니다. 그리고 열여섯 바라문들과 붓다가 나눈 대화 모두를 외워 나중에 바바린에게 암송합니다. 이것을 보면, 삥기야는 열여섯 바라문 중에서도 가장 학식이 깊은 바라문입니다. 더구나 그는 '위대한 선인仙人'이라는 칭송을 받고 있습니다. 도반 전재성 박사는 '위대한 선인'의 뜻을 숲에서 명상에 드는 요기라고 볼 수 있다는 의견을 내놓았습니다. '위대한 선인'은 삥기야가 숲에서 지내며 선정에 깊은 경험을 지닌 바라문임을 암시하고 있습니다. 삥기야는 붓다를 만나 이렇게 물었습니다.

〔존자 삥기야〕"저는 나이를 먹어서 기력도 없고 용모도 바랬습니다. 눈도 잘 보이지 않고, 귀도 잘 들리지 않습니다. 제가 헤매다가 끝내지 않도록 해주십시오. 제가 알고자 하오니, 이 세상에서 태어남과 늙음을 버리는 가르침에 대해 설해 주십시오."

〔세존〕"삥기야여, 방일한 사람들은 물질적 형상을 원인으로 괴로워하면서 물질적 형상을 원인으로 죽어 가는 것을 보는데, 삥기야여, 그러므로 다시는 존재로 돌아오지 않도록 그대는 방일하지 말고 물질적 형상을 버리십시오."
(「학인 삥기야의 질문에 대한 경」, 숫타니파타)

삥기야의 질문은 우리를 놀라게 하기 충분합니다. 평생 선정을 닦은 바라문은 자신은 이제 눈이 보이지 않고, 귀도 들리지 않는 늙음에 묶여 있으니 이제 늙음에서 벗어나는 길을 물었습니다. 삥기야의 질문 속에는 무엇보다 오랫동안 선정을 닦은 바라문으로서의 권위의식이 전혀 보이지 않아 놀랍습니다. 노회한 바라문이라면 좀 더 깊은 선정 체험이나 베다에 대한 고답적인 질문을 할 수도 있을 것이기 때문입니다. 붓다는 바라문 삥기야에게 물질적 형상은 내가 아니고 그 속에 자아도 없으니, 물질적 형상에 대한 집착을 버리라고 말했습니다.

〈법과 등불〉 모임에서 함께 공부하는 약산 거사는 꾸준히 선정을 닦는 도반입니다. 그는 지병을 앓고 있지만, 늘 '오온은 무상無常하고, 고통이며, 이것(색·수·상·행·식)은 내가 아니며 그 속에 내가 없다'고 한 붓다의 가르침을 새기며 선정을 닦습니다. 그의 얼굴은 몸이 아픈 사람 같지 않게 늘 해맑습니다. 약산 거사는 붓다의 가르침은 단박에 효과가 있으며, 언제 새겨도 마음이 고요해져 한결같다고 말합니다. 늙은 바라문 뼁기야 역시 붓다의 가르침에 단박에 눈이 열린 것이 아닐까요? 뼁기야는 붓다를 만나고 돌아와 바바린에게 이렇게 말했습니다.

〔존자 뼁기야〕"제가 '피안 가는 길'을 외우겠습니다. 티끌이 없고 광대한 이해를 갖춘 님께서는 스스로 본 대로 말씀하셨습니다. 욕심이 없고, 숲도 없는 구원자께서 어찌 허망한 말을 하시겠습니까. 티끌과 미혹을 버리고, 교만과 거짓을 버린 사람에 대하여 찬양을 갖춘 게송을 저는 기꺼이 노래하겠습니다. 암흑을 몰아내는 님, 널리 보는 눈을 지닌 님, 세상의 궁극에 이른 님, 모든 존재를 뛰어넘은 님, 번뇌 없는 님, 모든 괴로움을 버린 님, 깨달은 님이라 불리기에 마땅한 님입니다. 거룩한 님이시여, 저는 그 님을 가까이 모셨습니다. 이를테면, 새가 엉성한 덤불을 떠나 열매가 많은 숲에 깃들 듯, 저도 또한 소견이 좁은 자들을 떠나, 백조처럼 큰 바다에 이르렀습니다. 고따마의 가르침을 듣기 이전에 어떤 자가 '이전에는 이러했고, 앞으로 이렇게 될 것이다.'고 내게 설명해 준 것, 그것은 모두 전설에 불과하고, 그것은 모두 사유의 혼란을 더할 뿐이었습니다.

고따마는 홀로 암흑을 떨쳐내고 앉아, 고귀한 자로서 빛을 비춥니다. 고따마는 광대한 지혜를 갖춘 님입니다. 고따마는 광대한 명지를 갖춘 님입니다. 지금 여기에 효과가 있고, 시간을 뛰어넘고, 갈애를 소멸하고, 고뇌가 없는 가르침을 제게 말씀해 주셨으니, 그에게 견줄 자는 아무 데도 없습니다."
(「피안 가는 길에 대한 마무리의 경」, 숫타니파타)

뼁기야는 붓다의 가르침을, ①지금 여기에 효과가 있고, ②시간을 뛰어넘고, ③갈애를 소멸하고, ④고뇌가 사라지는 가르침으로 정의합니다. 그는 세 번이나 같은 표현을 쓰며 붓다를 칭송했습니다. 위 구절을 읽으면, 단박에 깨달음을 얻은 뼁기야의 기쁨과 감격이 얼마나 크고 진실했는지 짐작할 수 있습니다. 이 네 구절은 특히 초기경전 곳곳에서 사람들이 붓다의 가르침을 칭송할 때 관용적으로 인용하는 찬사입니다.

'붓다의 가르침을 들으면 단박에 해탈한다'는 이야기를 듣고 의심을 이기지 못해 붓다를 찾은 수행자가 있었습니다. 유행자 쑤시마는 업에서 해탈하기 위해서는 주문을 외우거나, 오랫동안 고행을 해야 한다고 믿었습니다. 당시 수행자로서는 충분히 가질 수 있는 관념이었습니다.

〔세존〕"쑤씨마여, 그대가 그것을 알거나 모르거나 사실에 관

한 지혜만 앞서면 열반에 관한 지혜는 따라오는 것이다. 쑤씨마여, 어떻게 생각하는가? 물질은 영원한가, 무상한가?"

〔쑤씨마〕 "세존이시여, 무상합니다."

〔세존〕 "그렇다면 무상한 것은 괴로운 것인가, 즐거운 것인가?"

〔쑤씨마〕 "세존이시여, 괴로운 것입니다."

〔세존〕 "그런데 무상하고 괴롭고 변화하는 것을 '이것은 나의 것이고, 이것은 나이고, 이것은 나의 자아이다.'라고 여기는 것은 옳은 것인가?"

〔쑤씨마〕 "세존이시여, 옳지 않습니다."

(부처님은 물질에 이어 오온五蘊의 순서대로 느낌, 지각, 형성, 의식에 대해 같은 질문과 답변이 오고 갔다.)

〔세존〕 "쑤씨마여, 이와 같이 관찰하면서 많이 배운 고귀한 제자는 물질에서도 싫어하여 떠나고, 느낌 지각 형성 의식에서도 싫어하여 떠난다. 싫어하여 떠나면 사라지고, 사라지면 해탈한다. 그가 해탈할 때 '해탈되었다'는 궁극의 앎이 생겨나서 '태어남은 부서졌고, 청정한 삶은 이루어졌고, 해야 할 일은 다 마쳤으니, 더 이상 윤회하지 않는다.'라고 분명히 안다." (「유행자 쑤씨마의 경」, 쌍윳따니까야, 전재성 역)

붓다는 쑤시마에게 무상無常, 고苦, 무아無我 등 사실에 관한 지혜가 앞서면 열반(갈애의 소멸, 적멸寂滅)에 대한 지혜는 자연스럽게 따라온다고 말합니다. 「유행자 쑤씨마의 경」은 사람들이 불교를 깨달음의 종교라고 부르는 까닭을 분명하게 보여주고 있습니다. 삥기야는 붓다에 대한 믿음을 이렇게 고백하고 있습니다.

"지금 여기에 효과가 있고, 시간을 뛰어넘고, 갈애를 소멸하고, 고뇌가 없는 가르침을 제게 말씀해 주셨으니, 그 님께 견줄 자는 아무 데도 없습니다. 바라문이여, 나는 방일함이 없이 밤낮으로, 마음으로나 육안으로나 그를 봅니다. 그 님께 예배드리면서 밤을 보냅니다. 그러므로 생각건대 그 님을 떠나 살고 있는 것이 아닙니다. 믿음과 희열과 정신적 새김은 고따마의 가르침에서 떠나지 않습니다. 광대한 지혜를 갖춘 님께서 어느 쪽으로 가시거나, 그 가시는 곳곳을 향해 나는 기울고 있습니다.

나는 이제 늙어서 기력도 없습니다. 그러므로 내 몸은 그곳으로 갈 수가 없습니다. 그러나 생각으로는 항상 그곳으로 거닙니다. 바라문이시여, 그와 맺어져 있는 것은 나의 정신입니다. 진흙탕에 누워 여기저기 떠다니면서, 이 섬에서 저 섬으로 표류하다가 마침내 거센 흐름을 건너 번뇌 없는, 올바로 원만히 깨달은 님을 만났습니다."
(「피안가는 길에 대한 마무리의 경」)

'위대한 선인' 삥기야의 고백 중 특히 "진흙탕에 누워 여기저기 떠다니면서, 이 섬에서 저 섬으로 표류하다가 마침내 거센 흐름을 건너 번뇌 없는, 올바로 원만히 깨달은 님을 만났습니다."라는 말은 부처님을 만난 우리 모두의 마음을 대변하고 있습니다.

암베드까르의 귀의

암베드카르(Bhimrao Ramji Ambedkar, 1891~1956)는 인도의 사회개혁 운동가입니다. 그는 간디와 동시대를 살면서 인도의 독립을 위해 싸웠습니다. 간디가 인도의 전통적 종교인 힌두교를 그대로 유지한 채 인도를 세우려고 노력했다면, 암베드카르는 힌두교라는 기본 골격을 없앤 인도를 꿈꾸었습니다. 암베드카르는 불가촉천민 출신으로 스스로 카스트제도가 만들어낸 고통을 직접 경험하였기 때문입니다. 비록 간디가 불가촉천민의 딸을 양녀로 삼았지만, 암베드카르는 이러한 간디의 행위를 근본적인 해결책으로 보지 않았습니다.

불가촉천민은 브라만, 크샤트리아, 바이샤, 수드라로 나뉘는 인도 카스트 제도에서 가장 하층 계급인 수드라에도 속하지 못하는 천민(outcast)을 말합니다. 당시 불가촉천민은 마을을 벗어날 때는 목에 항아리를 걸고 다녀야 했습니다. 침이 나오면 목에 건 항아리에 뱉어야 했으니, 불가촉천민의 침이 떨어지면 땅이 더럽혀진다고 생각했기 때문입니다. 암베드카르가 간디를 비판한 것은 간디가 지지한 힌두교는 카스트라는 신분제도를 더욱 공고히 하고 있기 때문입니다. 간디가 영국의 식민지 지배로부터의 자유를 위해 싸웠다면, 암베드카르는 착취와 억압으로부터 자유로운 인도를 후손들에게 물려주기 위해 투쟁했습니다.

　암베드카르는 비록 불가촉천민으로 태어났지만 컬럼비아대학의 경제학 석사 및 박사, 런던정경대학의 경제학 석사 및 박사, 그레이 법학원의 법학석사 등 여러 저명한 대학의 학위를 취득했습니다. 그는 이러한 경력으로 독립 인도정부의 초대 법무장관과 헌법기초위원장을 지냈습니다. 그러나 카스트제도는 하루아침에 없앨 수 없는, 아직 인도를 지배하는 사상적 주류였습니다. 암베드카르는 불교의 자비와 평등이 인도를 구할 수 있는 새로운 대안이라고 생각하였습니다. 해서 1950년 델리에서 대규모 법회를 열었으며, 1956년 10월 14일 그는 나그푸르에서 수십만의 불가촉천민들과 함께 힌두교를 버리고 불교에 귀의하였습니다. 힌두교가 주류였던 당시 인도에서 암베드카르의 불교 귀의는 큰 파장을 일으켰습니다. 그러나 박사는 안타깝게도 그 해 12월 세상을 떠났습니다.

초기경전 『숫타니파타』에는 암베드카르 박사가 불교에 귀의한 까닭이 무엇인지 웅변하는 경전을 많이 볼 수 있습니다. 특히 「바셋타의 경」과 「천한 사람의 경」을 대표적으로 들 수 있습니다. 「바셋타의 경」에는 바라문이나 노예와 같이 신분의 귀천을 규정하는 근거에 대해 두 바라문(바셋타와 바라드와자)이 토론하는 장면이 나옵니다. 바라드와자는 바라문은 7대 조상에서부터 대대로 내려오는 순수한 혈통에서 나온다고 주장합니다. 이에 반해 바셋타는 덕행과 계행을 갖추어야 바라문이라고 주장합니다. 전통을 거부하는 바쎄타는 지금으로 말하면 진보적인 사고를 하는 바라문입니다. 결론을 내지 못한 두 사람은 마침내 붓다를 찾습니다. 붓다는 바셋타에게 이렇게 말합니다.

세존께서는 바셋타에게 말씀하셨다.
〔세존〕"바셋타여, 그대들을 위해 모든 생물에 대한 출생의 차이를 차례로, 있는 그대로 설명해 주겠습니다. 그들에게 출생은 서로 다르기 때문입니다.
그대들은 풀이나 나무에 대해서도 알아야 합니다. 비록 스스로 의식하지 못하더라도 그들은 출생에 따른 특징을 갖고 있습니다. 그들에게 출생은 서로 다르기 때문입니다.
또한 벌레나 나비로부터 개미에 이르기까지 그대들은 알아야 합니다. 그들은 출생에 따른 특징을 갖고 있습니다. 그들에게 출생은 서로 다르기 때문입니다.

작은 것이나 큰 것이나 네발 달린 짐승들도 그대들은 알아야 합니다. 그들은 출생에 따른 특징을 갖고 있습니다. 그들에게 출생은 서로 다르기 때문입니다.

배로 기어 다니는 길이가 긴 것들도 그대들은 알아야 합니다. 그들은 출생에 따른 특징을 갖고 있습니다. 그들에게 출생은 서로 다르기 때문입니다.

물속에 태어나 물에서 사는 물고기들도 그대들은 알아야 합니다. 그들은 출생에 따른 특징을 갖고 있습니다. 그들에게 출생은 서로 다르기 때문입니다.

또한 날개를 펴 하늘을 나는 새들도 그대들은 알아야 합니다. 그들은 출생에 따른 특징을 갖고 있습니다. 그들에게 출생은 서로 다르기 때문입니다.

이와 같은 출생에서 출생에 기인한 특징은 다양하지만, 인간들에게는 출생에 기인한 이와 같은 특징의 다양성이 없습니다. 머리카락이나 머리에도 없고 귀에도 눈에도 입에도 코에도 없고 입술에도 없고 눈썹에도 없습니다. 목이나 어깨에도 없고 배나 등에도 엉덩이에도 가슴이나 음부에도 없고 성적 교섭의 방식에도 없습니다. 손이나 발에도 없고 손가락이나 손톱이나 종아리에도 허벅지나 얼굴에도 피부색이나 음성에도 없고, 인간에게는 다른 종처럼, 종에 따른 특징의 다양성은 없습니다. 각기 인간의 몸 자체에는 그런 구별이 없습니다. 인간 가운데 있는 구별은 단지 명칭일 뿐입니다."
(「바쎗타의 경」, 숫타니파타, 전재성 역, 큰 법문의 품)

붓다는 바쎗타와 같이 바라문을 결정하는 것은 덕행과 계행이라는 견해에 동의합니다. 붓다의 가르침은 계속 이어집니다.

"인간 가운데서 소를 치며 살아가는 사람이 있다면, 바쎗타여, 그는 농부이지 바라문이 아님을 알아야 합니다.
인간 가운데서 여러 기술로 살아가는 사람이 있다면, 바쎗타여, 그는 기술자이지 바라문이 아님을 알아야 합니다.
인간 가운데서 사고파는 것으로 살아가는 사람이 있다면, 바쎗타여, 그는 상인이지 바라문이 아님을 알아야 합니다.
인간 가운데서 남의 일을 해주고 살아가는 사람이 있다면, 바쎗타여, 그는 고용인이지 바라문이 아님을 알아야 합니다.
인간 가운데서 주지 않는 것을 빼앗아 살아가는 사람이 있다면, 바쎗타여, 그는 도둑이지 바라문이 아님을 알아야 합니다.
인간 가운데서 활쏘기에 의해 살아가는 사람이 있다면, 바쎗타여, 그는 전사이지 바라문이 아님을 알아야 합니다.
인간 가운데서 제사로 살아가는 사람이 있다면, 바쎗타여, 그는 제관이지 바라문이 아님을 알아야 합니다.

인간 가운데서 고을이나 나라를 다스리는 사람이 있다면, 바쎗타여, 그는 왕이지 바라문이 아님을 알아야 합니다."

붓다는 바쎗타에게 참다운 바라문이 되는 조건에 대해 설법합니다. 다음 법문에서 우리는 붓다가 생각하는 수행자의 이상에 대해 들을 수 있습니다.

"나는 출생과 가계 때문에 그를 바라문이라고 하지 않습니다. 비난이나 폭력이나 구속을 성냄 없이 참고 견디는 인내력이 있고 용맹한 님, 그를 나는 바라문이라 부릅니다.
분노하지 않고 의무를 다하며, 계행을 지키고 파도를 일으키지 않고 잘 다스려진 궁극의 몸에 이른 님, 그를 나는 바라문이라 부릅니다.
연꽃잎의 이슬처럼, 바늘 끝의 겨자씨처럼, 감각적 쾌락에 더럽혀지지 않는 님, 그를 나는 바라문이라 부릅니다.
이 세상에서 자기의 괴로움이 소멸된 것을 알고, 짐을 내려놓고 장애가 없는 님, 그를 나는 바라문이라 부릅니다.
동물이건 식물이건 어떠한 뭇삶에게도 폭력을 쓰지 않고 또한 죽이거나 죽이도록 하지 않는 님, 그를 나는 바라문이라 부릅니다.
적의 있는 자들 가운데 적의가 없고, 폭력을 휘두르는 자 가운데 평화롭고, 집착하는 자들 가운데 집착을 여읜 님, 그를 나는 바라문이라 부릅니다.

바늘 끝에서 겨자씨가 떨어져 나간 것처럼, 탐욕과 성냄뿐만 아니라 자만과 거짓이 떨어진 님, 그를 나는 바라문이라 부릅니다.

거친 말을 하지 않고, 의미 있고 진실한 말을 하며, 아무도 해치지 않는 님, 그를 나는 바라문이라 부릅니다.

이 세상에서 길거나, 짧거나, 아주 작거나, 크고 거칠거나, 아름답거나 추한 것을 막론하고, 주지 않은 것을 빼앗지 않는 님, 그를 나는 바라문이라 부릅니다."

붓다는 카스트에서 규정하는 불가촉천민을 거부했습니다. 천한 사람도 태생에 의해 결정되는 것이 아니라, 현재의 덕행에 의해 좌우됩니다. 그러므로 덕행을 등지고 세상을 고통과 혼란으로 몰아넣는 사람이 천민입니다. 붓다의 가르침에는 당시 바라문 계급의 타락과 세상의 혼란이 그대로 담겨 있습니다.

"마을뿐만 아니라 도시를 파괴하거나 약탈하면서, 압제자로서 세상에 널리 알려진 사람이 있다면, 그를 천한 사람으로 아십시오.

마을에 있거나 숲에 있거나 남의 것을 나의 것이라고 하고,

주지 않는 것을 빼앗는 사람이 있다면, 그를 천한 사람으로 아십시오.

사실은 빚을 지었으나, 돌려 달라고 독촉 받더라도 '갚을 빚은 없다.'라고 발뺌하는 사람이 있다면, 그를 천한 사람으로 아십시오.

얼마 안 되는 물건을 탐내어 길을 가고 있는 행인을 살해하고 그 물건을 약탈하는 사람이 있다면, 그를 천한 사람으로 아십시오.

증인으로 불려 나갔을 때, 자신이나 남 때문에, 또는 재물 때문에 거짓으로 증언하는 사람이 있다면, 그를 천한 사람으로 아십시오.

자기는 재물이 풍족하면서도 나이 들어 늙고 쇠약한 어머니와 아버지를 섬기지 않는 사람이 있다면, 그를 천한 사람으로 아십시오.

어머니와 아버지 그리고 형제나 자매, 혹은 배우자의 어머니를 때리거나 욕하는 사람이 있다면, 그를 천한 사람으로 아십시오.

남의 집에 가서는 융숭한 환대를 받으면서도, 손님에게는 대접하지 않은 사람이 있다면, 그를 천한 사람으로 아십시오.

어리석음에 묶여 사소한 물건을 탐하여 세상에서 진실이 아닌 것을 말하는 사람이 있다면, 그를 천한 사람으로 아십시오.

자기를 칭찬하고, 타인을 경멸하여, 스스로의 교만에 빠진 사람이 있다면, 그를 천한 사람으로 아십시오.
남을 화내게 하고, 이기적이고, 악의적이고, 인색하고, 거짓을 일삼고, 부끄러움과 창피함을 모르는 사람이 있다면, 그를 천한 사람으로 아십시오.
날 때부터 천한 사람인 것이 아니고, 태어나면서부터 바라문인 것도 아니오. 행위에 의해서 천한 사람도 되고, 행위에 의해서 바라문도 되는 것이오." (「천한 사람의 경」, 숫타니파타, 뱀의 품)

부끄러움과 창피함을 모르는 사람이 바로 천한 사람이라고 일깨우는 붓다의 말은 오늘 우리 사회에도 절절한 가르침입니다. 사람의 지위나 귀천을 평가할 때, 태생이 아니라 덕행과 계행으로 평가하는 것은 오늘 민주주의적 관점에서 보면 새로울 것이 없습니다. 그러나 인류는 실로 오랜 세월 동안 이러한 무지에 묶여 왔다고 하지 않을 수 없습니다. 영국도 1867년에 이르러서야 도시근로자와 소시민에게 투표권을 주었고, 미국은 1920년에 이르러서야 모든 여성들에게 남성과 같은 투표권을 법으로 보장하였습니다. 지금부터 2,500여 년 전에 인간을 종성種性이나 색깔이 아닌 행위로 판단해야 한다고 주장한 붓다의 견해는 참으로 놀랍고 경이롭기까지 합니다. 붓다는 스스로 당신의 가르침이 '연기법緣起法'에 근거하고 있음을 밝힙니다. 그리고 연기법은 현자라면 누구나 보는 진리라고 강조합니다.

"세상의 이름이나 성은 명칭의 시설에 지나지 않으니, 그때마다 통하는 명칭으로 생겨나 여기저기 시설되는 것입니다. 무지한 사람에게 그릇된 견해가 오랜 세월 잠재됩니다. 무지한 사람은 '태생에 의해서 바라문이 된다.'라고 말합니다. 태생에 의해 바라문이나, 태생에 의해 바라문이 아닌 자가 되는 것이 아니라, 행위로 인해 바라문이 되기도 하고, 행위로 인해 바라문이 아닌 자도 되는 것입니다. 행위에 의해 농부가 되고, 행위에 의해 기능인이 되며, 행위로 인해 상인이 되고, 또한 행위로 인해 고용인이 됩니다. 행위에 의해 도둑이 되고, 행위에 의해 전사가 되고, 행위로 인해 제관이 되고, 또한 행위로 인해 왕이 됩니다.
현자들은 이와 같이, 있는 그대로 그 행위를 봅니다. 그들은 연기緣起를 보는 님으로서, 행위와 그 과보에 대하여 잘 알고 있습니다. 세상은 행위로 말미암아 존재하며, 사람들도 행위로 인해서 존재합니다. 뭇삶은 달리는 수레가 축에 연결되어 있듯이, 행위에 매어 있습니다." (「바쎗타의 경」)

카스트제도는 아트만이라는 실체를 바탕으로 불평등한 현실을 합리화하는 정치적 관념체계입니다. 현실의 불평등은 모두 아트만이 윤회한 결과이자, 과거의 업의 결과이기 때문에 천민이라도 자기에게 주어진 차별에 복종해야 합니다. 그러나 연기법에서는 아트만과 같은 영원한 실체를 인정할 수 없습니다. 모든 현상은 원인과 조건에 의해 생성하고 소멸한다고 보기 때문입니다. 연기법은 카스트제도를 거부하며 평등과 자비를 이끌어내는 진리이지만, 보다 근본적으로는 인간의 무지가 어떻게 일어나는지 원인과 조건을 통찰하는 데서 출발합니다. 세상의 혼란과 고통은 우리의 무지와 탐욕에서 일어나기 때문입니다.

우리 내면의 어둠을 연기법적인 관점에서 형상화한 가르침이 곧 붓다의 12연기입니다. 〈12연기〉는 탐욕과 분노와 무지가 일어나는 과정입니다. 구체적으로 자기 내면의 물질 느낌 지각 형성 의식 등의 조건이 우울 고통 슬픔 번뇌 등을 일으키는 과정이기도 합니다. 붓다는 욕망과 집착의 활동이 거센 물결과 같다고 표현했습니다. 자기의 내면을 주의깊게 바라보는 수행이 필요한 까닭이 여기에 있습니다. 그러므로 자기의 내면을 살피지 않고 우주나 영원한 실체 등 형이상학적인 주제에 골몰하는 종교는 분노나 탐욕 등 번뇌을 없애는데 무익합니다. 관념적이며 형이상학적인 오늘 이 시대의 불교를 생각하면, 붓다의 주장은 여전히 우리에게 추상같은 경고입니다.

연기법에 대한 통찰은 단순한 인과관계의 고리가 아닌, 무상無常과 무아無我의 심오한 깨달음을 가져옵니다. 붓다는 제자들에게 다음과 같이 깊은 사색과 선정을 일으키는 질문을 던졌습니다.

〔세존〕"수행승들이여, 어떻게 생각하는가? 물질은 영원한가, 무상한가?"
〔수행승들〕"세존이시여, 무상합니다."
〔세존〕"그렇다면 무상한 것은 괴로운 것인가, 즐거운 것인가?"
〔수행승들〕"세존이시여, 괴로운 것입니다."
〔세존〕"그런데 무상하고 괴롭고 변화하는 것을 '이것은 나의 것이고, 이것은 나이고, 이것은 나의 자아이다.'라고 여기는 것은 옳은 것인가?"
〔수행승들〕"세존이시여, 옳지 않습니다."
(물질 외에도 느낌, 지각, 형성, 의식 등에 대해서도 같은 질문을 했습니다.) (「희생되는 것에 대한 경」, 『쌍윳따니까야』, 전재성 역)

물질, 느낌, 지각, 형성, 의식 등 오온에서 일어나는 고통을 사색하며, '이러한 원인과 조건이 과연 그대의 소유이며, 그대이며, 그대의 자아인가?'라고 묻는 붓다의 질문은 인류의 긴 꿈을 깨우는 새로운 지성입니다. 오온이 더 이상 '내가 아님'을 깨달으면, 집착과 유혹을 멀리 보내는 멀리 여읨(遠離)이 일어납니다. '멀리 여읨'은 나라고 생각했던 내면의 조건을 멀리 떨어져 바라보게 되는 지성이며, 이러한 깨달음은 곧 마음의 평화(寂滅, 고요함)를 가져옵니다. 그러므로 붓다의 제자는 더 이상 아트만에 의지하는 않는, 그래서 카스트제도의 허위에서 벗어난 자유의 길에 들어섭니다. 즉, 바라문교에서 지키는 여러 규범과 금계(금기, 터부)에 대한 견해에서 벗어나며, 몸속에 자아(아트만)가 있다는 생각을 버리고, 진리에 대한 회의에서 벗어납니다.

연기법을 이해한 지성은 욕망과 번뇌의 원인과 조건을 깊이 이해하여 무상과 무아의 진리를 깨닫습니다. 그리고 이러한 자각에 의지하여 '멀리 여읨'과 '적멸'을 얻습니다. 수행자는 붓다의 가르침을 통해 마침내 탐욕, 미움, 폭력 등 악행을 자제하고 선행을 실천하는 길을 걷습니다. 붓다가 깨달은 연기법은 이처럼 탐욕, 분노, 무지 등의 고통에서 벗어나는 깨달음과 해탈의 길이자, 당시 카스트 제도의 억압 속에서 자비와 평등을 실천하는 덕행의 근거였습니다. 『숫타니파타』에는 많은 수행자들이 붓다를 찾아와 '멀리 여읨'과 '적멸'을 묻는 장면을 보여줍니다. 붓다의 가르침은 2,500여 년이 지나 인도의 미래를 평등과 자비에서 찾으려고 노력했던 암베드카르 박사에게도 여전히 새로운 비전이었습니다.

삼매의 핵심

삼매는 산스크리트어 사마디(samādhi)의 음사입니다. 삼매는 산란한 마음을 고요하고 맑게 하는 것을 뜻하며, 집중(正定) 또는 선정禪定으로 번역합니다. 삼매는 수행자에 따라 매우 다양하게 나타납니다. 마음을 한곳에 모으는 심일경성心一境性을 삼매라고 하기도 하며, 특히 대승경전에서는 부처님의 32상을 관하는 관불삼매나 능엄삼매나 천수경과 같이 다라니를 외우며 얻는 삼매가 다양하게 소개되어 있습니다.

주위를 돌아보면, 대개 무념무상無念無想의 경지를 삼매라고 생각하는 견해가 일반적입니다. 이렇게 생각하는 사람은 방석에 앉자마자 삼매에 들어가는 것을 자랑으로 여깁니다. 어떤 학자는 삼매는 부처님의 가르침에서 일어나야 한다고 주장합니다. 불법에 대한 분명한 인식이 없이 무념무상에 드는 삼매는 외도 특히 인도의 요가나 힌두교의 명상과 다름이 없다고 말합니다. 그러므로 초기경전에서 부처님은 삼매를 어떻게 설명했는지 찾아보는 일은 매우 중요합니다.

"잘 설해진 것은 좋은 식별의 핵심이고, 학습되고 식별된 것은 삼매의 핵심이다. 사람이 성급하거나 방일하면, 지혜도 학식도 늘지 않는다. 고귀한 님의 가르침에 기뻐하는 자들은 언어나 정신이나 행동에서 가장 뛰어나다. 평안과 온유와 명상 속에 지내는 그들은 학식과 지혜의 핵심에 도달한 것이다."
(「계행이란 무엇인가의 경」, 숫타니파타, 작은 법문의 품)

부처님의 가르침은 투명하고 명확하게 설해져, 누구나 잘 들으면 좋은 식별識別이 일어납니다. 잘 배워서 얻어지는 식별은 전체를 하나로 이어가는 통찰을 낳습니다. 위의 경전에 나오는 부처님의 가르침을 잘 생각해보면, 부처님은 좋은 식별에서 일어나는 한결같은 통찰을 삼매라고 했습니다. 따라서 삼매의 핵심은 올바른 식별, 즉 부처님의 가르침을 잘 학습하고 이해하는 데서 얻어집니다. 이러한 부처님의 가르침은 삼매의 원래의 의미가 무엇인지 이해할 수 있는 좋은 실마리를 제공합니다.

「계행이란 무엇인가의 경」을 공부하며, 가까운 도반들이 모여 삼매에 대해 법담을 나누었습니다. 오랫동안 음악(바이올린)을 전공한 한 도반은 삼매에 대해 악기를 연주하는 것에 비유했습니다. 연주자는 먼저 작곡가의 악보를 받아 열심히 연습합니다. 열심히 연습하다 보면, 점차 악보에 흐르는 곡의 내용을 분간하게 됩니다. 더욱 정진하여 연주에 익숙해지면, 마침내 악보 전체에 흐르는 작곡가의 메시지를 깨닫게 됩니다. 이때 연주자가 얻은 메시지는 악보 전체를 보는 통찰과 다름없습니다. 통찰을 갖춘 연주자는 연주를 통해 즐거움을 누리고 연주를 듣는 사람들에게 작곡가의 메시지를 전할 수 있게 됩니다.

연주자의 통찰은 악보에 나타나 있는 하나하나의 음표에 대한 오랜 훈련과 숙지를 바탕으로 하고 있습니다. 삼매도 이와 같다고 볼 수 있습니다. 그러므로 적어도 이 「계행이란 무엇인가의 경」에서 말하는 삼매는 생각없이 무념에 들어가는 삼매가 아니라, 꾸준한 학습과 올바른 이해(식별)에서 얻어진 통찰입니다. 부처님의 가르침을 잘 분간하여 삼매(통찰)를 얻으면, 마침내 평안과 온유와 명상 속에 지낼 수 있습니다. 평안과 온유와 명상 속에서 지내면 학식과 지혜의 핵심에 도달한다고 부처님은 법문합니다. 이와 같은 과정을 거치지 않고 성급하거나 방일하면, 지혜도 학식도 늘지 않습니다. 삼매에 이르는 과정을 다소 도식적으로 정리하면, 다음과 같습니다.

잘 설해진 부처님의 가르침 → 꾸준한 학습과 올바른 이해(식별) → 삼매 → 평안 온유 명상 → 학식과 지혜의 증가

부처님의 가르침을 학습하면, 저절로 위와 같은 과정이 내면에서 일어납니다. 단지 진지하고 겸손한 태도로 부처님의 가르침을 기쁜 마음으로 받아들이는 것이 중요합니다. 참고로, 부처님이 깨달음을 얻고 처음 한 가르침은 모두 행복에 대한 것이었습니다. 즉, '멀리 여읨'이 행복이며, 생명에 대해 자제하고 폭력을 여읨이 행복이며, 탐욕을 여의고 감각적 쾌락의 욕망을 뛰어넘음이 행복이며, 마지막으로 '내가 있다'는 생각을 제거하는 것 등이 최상의 행복이라고 말했습니다.

부처님은 탐욕과 집착이 병이요 종기라고 가르쳤습니다. 병이나 종기라는 표현은 내적 성찰에서 나온 깨달음이라고 할 수 있으니, 12연기법에서 인간의 본질이 무명無明이라고 한 부처님의 가르침은 논리적이나 관념적인 사유로서는 얻어질 수 없습니다. 윤회나 우주와 같은 거대담론이나 극단적인 고행에 가치를 부여하는 당시 수행자들은 내면의 탐욕과 분노를 성찰하는 부처님을 하찮게 여기고 비웃었습니다. 그러나 이런 수행자들은 비록 고행에 익숙하고 담론은 거창해도 자신의 내면에서 일어나는 욕망과 탐욕에 대해서는 무력합니다. 주위와 갈등이 일어

날 때는 분노와 권위의식을 감추지 못합니다. 이러한 경향은 오늘 우리 불교의 현실에서도 쉽게 발견할 수 있습니다. 분노와 교만이 고통을 가져온다는 사실을 진지하게 받아들일 때, 농담, 위선, 허위의식, 오만 등을 떠나 자신을 돌아보게 됩니다.

"가르침을 즐기고 가르침을 기뻐하며, 가르침에 입각하고, 가르침에 대한 언명을 알아서, 가르침을 비방하는 말을 입에 담지 말고 잘 설해진 진리에 따라 생활하라. 웃음, 농담, 비탄, 성냄, 그리고 허위, 사기, 탐욕, 오만, 또한 격분, 폭언, 오염, 탐닉을 버리고 광기를 떠나 자신을 확립하여 행동하라."
(「계행이란 무엇인가의 경」)

진리에 따라 생활하는 것은 부처님의 가르침을 즐기고 가르침에 기뻐하는 행복한 길입니다. 평안, 온유, 명상의 삶이 일어나고, 학식과 지혜가 늘어납니다. 고통과 미망에서 깨어나 자신을 확립하는 길에는 타고난 가문이나 계급이 장애가 될 수 없습니다. 부처님은 당신이 스스로 깨달은 진리는 누구나 잘 학습하면 같은 체험을 얻게 된다고 말했습니다. 부처님이 스승으로서 온 세상의 존경을 받는 까닭이 실로 여기에 있다고 하겠습니다.

홀로 있는 기쁨

옛날 왕궁에서는 왕자가 태어나면 앞날을 내다보는 선인仙人을 불렀습니다. 아기의 미래를 점치기 위해서이니, 장차 아기가 자라 나라의 큰 기둥이 되어 주기를 바라기 때문입니다. 꼭 왕이 아니더라도 성인이 태어날 때는 예언자들이 스스로 찾아오기도 합니다. 예수님이 태어났을 때 동방박사 세 사람이 아기 예수를 찾았다는 성경 이야기는 우리에게도 잘 알려져 있습니다.

부처님이 태어났을 때도 소문을 들은 선인 아씨따가 찾아 왔습니다. 아기를 본 아씨따 선인은 눈물을 흘렸습니다. 불길한 예감에 쑷도다나왕이 까닭을 묻자 아씨따는 '이 아기가 장차 세상을 위해 진리의 수레바퀴를 굴릴 부처님이 될 터인데, 정작 자신은 그때는 죽고 없어서 법문을 들을 수 없기 때문'이라고 말했습니다.

왕궁을 나선 선인 아씨따는 조카 날라까를 불러 싯다르타의 탄생을 알려줍니다. 조카를 부른 것은 아씨따가 출가수행자라 자식이 없는 까닭이겠지요. 아씨따는 조카에게 아기가 장차 자라서 깨달음을 얻으면 그 밑에서 출가하라고 유언을 남깁니다. 이윽고 세월이 흘러 조카 날라까는 깨달은 분이 세상에 출현했다는 소문을 듣습니다. 날라까는 부처님을 찾아가 진리가 무엇인지, 수행자는 어떻게 살아야 하는지 묻습니다. 「날라까의 경」은 이렇게 서두를 시작합니다.

「날라까의 경」은 부처님이 태어났을 때 아기의 미래를 알아본 아씨따 선인이 등장하고, 그 선인의 조카가 다시 소문을 듣고 부처님을 찾는 이야기로 경전이 시작됩니다. 그러므로 「날라까의 경」은 2대에 걸쳐 부처님을 만나 직접 보고 들은 법문을 전하는 경전입니다. 「날라까의 경」을 읽으면서 첫머리에 아씨따와 날라까가 장황하게 등장하는 의미가 무엇인지 곰곰이 생각해 보았습니다. 무엇보다 아씨따 선인은 최초로 부처님을 알아본 사람이며, 조카 날라까는 긴 세월 동안 부처님을 기다린 사람입니다. 그러므로 「날라까의 경」은 불교의 많은 경전 중에서도, 부처님의 전 생애를 가장 가까이 보고 올바로 그 가르침을 전하는 경전이라는 것을 강조하고 있습니다. 이것이 「날라까의 경」을 후대에 전하는 전승자의 뜻이 아닌가 생각합니다.

불교는 긴 역사를 가지고 있는 종교입니다. 그러므로 부처님의 가르침이 때와 장소에 따라 다양하게 나타나는 일은 매우 자연스러운 일이라고 할 수 있습니다. 그러나 성인이 가신 때가 멀어지면 급기야 종파끼리 서로 부딪치는 일이 일어나기 마련입니다. 대승불교의 반야부나 유식, 그리고 밀교는 오늘 우리의 눈으로 보면 같은 종교인지 의심이 들 정도입니다. 자기 문파의 교리나 수행을 강조하는 일이 그르다고 할 수 없지만, 그러다 보면 부처님의 원래의 가르침을 잃고 헤매기 쉽습니다.

십여 년 전에 한 미국인 불교학자가 쓴 책에서 흥미 있는 이야기를 읽은 적이 있습니다. 미국에는 여러 불교 종파가 활동하고 있습니다. 그래서 일부 학자들이 각파의 고승을 불러 서로 대화를 해서 불교의 공통점을 찾아보자고 한 논의가 있었습니다. 희미하지만, 그 책에 대한 기억을 대략 더듬어 보면, 당시 모임에서는 이와 같은 일이 있었습니다.

학자들은 티베트의 한 고승과 선불교의 마스터로 알려진 한국의 숭산 스님을 모셨다. 학자들은 두 고승의 대화에 어떤 말이 오고갈지 큰 관심을 가졌다. 이윽고 두 스님이 자리를 마주했다. 숭산 스님은 갑자기 소매에서 귤을 꺼냈다. 그리고 티베트 스님에게 물었다.

"이것이 무엇입니까?"

갑자기 질문을 받은 티베트 스님은 한동안 침묵을 지켰다. 그러자 숭산 스님은 선사답게 다시 대답을 재촉했다.

"이것이 무엇인지 한마디 이르시오!"

티베트 스님은 나지막하게 만트라(주문)를 외웠다. 이윽고 눈을 슬며시 뜬 스님은 옆에 있는 사람에게 말했다.

"저 스님이 사는 나라에는 귤이 나지 않나봅니다. 자꾸 나한테 귤이 뭔지 물어보네요."

이렇게 해서 그날 모임은 소득 없이 파하고 말았답니다. 가지가 서로 얽힐 때는 뿌리부터 찾아가야 나무를 상하지 않고 가지를 솎아 낼 수 있습니다. 오늘 우리 불교의 현실을 보면 더욱 그렇습니다. 『숫타니파타』를 주목하는 것은 경전을 연구하는 학자들은 한결같이 숫타니파타가 경전 중에서도 가장 오래 전에 성립되었다고 증언하기 때문입니다. 숫타니파타에 나오는 「날라까의 경」은 2,500여 년이 지난 오늘, 불교의 원형을 찾으려는 우리에게 매우 중요한 법문을 전하고 있습니다. 날라까는 부처님을 찾아 물었습니다.

"아씨따가 알려 준 말을 잘 듣고 찾아왔습니다. 고따마시여, 모든 현상의 피안에 도달하신 바로 당신께 묻겠습니다. 저는 집 없는 삶을 찾아 탁발의 삶을 추구하오니, 성자시여, 성자들의 최상의 삶에 대하여 제가 여쭈오니 말씀해 주십시오."

날라까는 부처님과 같이 집을 떠나 모든 것을 버린 수행승이 걸어야 할 최상의 삶을 물었습니다. 부처님은 날라까에게 그 길은 성취하기 어렵고 도달하기 힘든 것이라고 하며, 다음과 같이 말합니다. 부처님의 가르침은 불교의 원형을 보여주기에 충분합니다.

"마을에서 거친 욕을 먹든지 예배를 받든지 한결 같은 태도로 대하고, 정신의 혼란을 수습하여 고요히 하고, 교만을 떨쳐버리고 유행하십시오.
동물이든 식물이든 모든 생명 있는 것에 대해 적대하지 말고, 애착하지도 마십시오. 내가 그런 것처럼 그들도 그렇고, 그들이 그런 것처럼 나도 그러하니, 스스로 자신과 비교하여 그들을 죽여서도, 죽이게 해서도 안 됩니다.
배를 가득 채우지 말고 음식을 절제하고, 욕심을 적게 하고 탐욕을 일으키지 마십시오. 욕망이 없어지고 버려져서, 욕망을 여읜 것이 적멸寂滅입니다.
홀로 앉아 명상을 닦고 수행자로서의 수행을 배우십시오. 홀로 있는 데서 기쁨을 찾으십시오. 홀로 있는 것이 해탈의 길이라 불립니다.

작은 여울들은 소리를 내며 흐르지만, 큰 강물은 소리 없이 흐릅니다. 모자라는 것은 소리를 내지만, 가득 찬 것은 아주 조용합니다."

오늘 우리가 2,500여 년 전 인도의 수행자와 같은 삶을 살 수는 없습니다. 그러나 홀로 앉아 명상을 닦고, 홀로 있는 데서 기쁨을 찾으라는 가르침은 오늘날 설법이 홍수처럼 넘치고, 누구도 자기의 말에 책임지지 않는 사회에서는 참으로 천둥 같은 깨우침을 줍니다. 부처님은 홀로 있는 것이 해탈의 길이라고까지 말합니다. 작은 여울들은 소리를 내며 흐르지만, 큰 강물은 소리 없이 흐른다는 부처님의 가르침에 이르러서는 저절로 고개가 숙여집니다. 날라까에게 한 부처님의 말씀은 소박하지만, 그 속에는 우리가 놓치기 쉬운, 그러나 불교의 뿌리라고 할 가르침을 발견하게 됩니다.

진짜 비린 것

『숫타니파타』에 나오는 「아마간다의 경」은 제가 자주 읽는 경전 가운데 하나인데, 읽을수록 뜻이 새롭습니다. 초기경전, 특히 숫타니파타를 읽을 때마다 느끼는 점은, 경전 속에 나타나는 부처님의 모습이 우리가 익히 알고 있는 부처님과 많이 다르다는 것입니다. 법정 스님은 일찍이 숫타니파타를 번역하며, 불교 최초의 경전이라고 했습니다.

「아마간다의 경」에는 바라문 띳싸가 부처님과 나눈 대화가 기록되어 있습니다. '아마간다'는 '비린내'라는 뜻입니다. 경에 등장하는 바라문 띳싸는 육식을 금하고, 오직 산에서 나는 열매만 먹는 수행자입니다. 그는 절식과 단식 등 고행을 하며 영혼의 해탈을 추구합니다. 경 첫머리에서 바라문 띳싸는 비린내 나는 음식(새고기)을 먹는 부처님을 비난합니다. 당시 부처님은 출가수행자로서 오직 걸식만 했기 때문에, 채식이나 고기 등 종류에 관계없이 재가자가 주는 대로 음식을 받았습니다.

부처님은 바라문 띳싸에게 비린 것은 음식에서 오는 것이 아니라, 우정을 외면하고, 거짓증언을 하며, 생명에 대한 연민이 없으며, 진리에 대한 의혹을 해소시키지 못하는 단식 등의 고행이 바로 '비린 것'이라고 말합니다. 당시 세상의 혼란과 종교계급의 타락에 대한 부처님의 거침없는 비판은 용기있는 지성이 아니면 감히 상상하지 못할 주장입니다.

경전을 읽고 참선하고 다라니를 외우며 정진하는 요즘 불교의 화두가 「아마간다의 경」에서 나오는 부처님의 화두와 같을 수는 없습니다. 그러나 현실의 혼란에 대한 부처님의 타협 없는 통찰이 과연 오늘 불자들의 화두인지 묻지 않을 수 없습니다. 욕망과 고통에 대한 인식이 다르면, 당연히 수행의 이상이 같을 수 없고, 수행의 이상이 다르면 행동의 규범과 형태가 서로 다를 수밖에 없습니다. 삶과 괴리된 수행은 현실의 부담을 덜어 줍니다. 그러나 그런 수행은 자기만족에 그칠 뿐, 이웃과 함께 나눌 수는 없습니다. 다음 구절은 당시 바라문들과 수행자들에 대한 부처님의 비판입니다.

"생선이나 고기를 먹지 않은 것이나, 단식하는 것이나, 벌거벗거나, 삭발하거나, 상투를 틀거나, 먼지를 뒤집어쓰거나, 거친 사슴가죽옷을 걸치는 것도, 불의 신을 섬기는 것도, 또는 불사不死를 얻기 위해 행하는 많은 종류의 고행, 진언을 외우거나, 재물을 바치거나, 제사를 지내는 것이나, 계절에 따라 행하는 수련도 모두 의혹을 여의지 못한 자를 청정하게 할 수 없습니다.
욕망의 흐름 속에서 자신을 수호하고, 감관을 제어하며 유행하십시오. 진리에 입각해서 바르고 온화한 것을 즐기고, 집착을 뛰어넘어서 모든 고통을 버려버린 현명한 님은 보이는 것과 들리는 것 속에서 더럽혀지지 않습니다." 「아마간다의 경」

오랜 세월 단식을 하거나 먼지를 뒤집어쓰고 앉아 있는 늙은 수행자를 보면 누구나 경외감을 갖게 됩니다. 장엄한 제사는 미래의 안전에 대한 유혹을 불러일으킵니다. 부처님은 이 모든 제사나 고행이 진리에 대한 의혹을 해소하지 못한다고 주장하고, 오히려 그 속에 숨어 있는 위선과 기만을 통찰했습니다. 욕망의 흐름 속에서 자신을 잘 지키라는 부처님의 가르침은, 평범하지만 종교가 무엇을 추구해야 하는지 밝혀주는 가장 오래된, 그러면서도 늘 새로운 비전입니다.

저는 위 구절을 읽으며, 제사와 금기와 고행의 종교적 권위에서 자유로운 부처님의 투명한 지성을 만나게 됩니다. 저는 이 구절이야말로 우리가 부처님의 가르침에서 얻는 큰 축복이라고 생각합니다. 저는 또한 「아마간다의 경」의 다음 구절을 읽으며, 만약 이 시대에 부처님과 같은 사람이 있다면, 그는 어떤 현실과 만나게 될까 상상해봅니다.

"감각적 쾌락을 자제하지 않고, 맛있는 것을 탐하고, 부정한 것과 어울리며, 허무하다는 견해를 갖고, 바르지 못하고, 교화하기 어려우면, 이것이야말로 비린 것이지, 육식이 비린 것이 아닙니다.
악행을 일삼고, 빚을 갚지 않고, 중상하며, 재판에서 위증을 하고, 정의를 가장하며, 죄를 범하며 비천하게 행하면, 이것이야말로 비린 것이지, 육식이 비린 것이 아닙니다.
살아있는 생명을 지켜주지 못하고, 남의 것을 빼앗으면서 그들을 해치려 하고, 계행을 지키지 않고, 잔인하고, 거칠고, 무례하다면, 이것이야말로 비린 것이지, 육식이 비린 것이 아닙니다."

「아마간다의 경」을 읽으며, 저는 2,500여 년 전 고따마 부처님이 겪었을 고난의 삶을 생각합니다. 욕망을 성찰하며 그 성찰이 삶에 어떤 의미가 있는지 밝히고, 그 길을 묵묵히 걸어간 부처님을 생각하면, 무엇보다 깨달음을 추구하는 불교의 수행이 어디에서 시작해야 하며, 어디로 가야 하는지 다시 돌아보게 됩니다.

「위대한 축복의 경」을 읽으며

가까운 도반들과 함께 「위대한 축복의 경」을 공부했습니다. 이 경을 번역한 전재성 박사에 따르면, 상좌부 불교권인 동남아시아에서는 모든 행사에 으레 이 경전을 독송합니다. 아마 이 경의 마지막 구절 "이러한 방법으로 그 길을 따르면, 어디서든 실패하지 아니하고 모든 곳에서 번영하리니, 이것이야말로 더 없는 축복입니다"라는 부처님의 말을 새겨서 그런 것이 아닌가 합니다.

「위대한 축복의 경」은 초기경전 중에서도 가장 초기에 성립된 『숫타니파타』에 담겨 있습니다. 이러한 시대적 배경을 염두에 두고 경전을 읽으면, 놀라운 사실을 발견하게 됩니다. 오늘 우리 재가불자가 생각하는 것 이상으로 재가불자의 진정한 이상을 만날 수 있습니다. 대개의 초기경전이 진솔하고 높은 이상을 일깨우지만, 이 경은 특히 깊은 감동을 줍니다. 경전은 다음과 같이 비교적 짧습니다. 원전과 다르게 번호를 표시하고 단락을 나눈 것은, 경전을 문맥에 따라 이해하기 쉽도록 제가 임의로 정한 것입니다.

"이와 같이 나는 들었다. 한때 세존께서 싸밧티 시의 제따 숲에 있는 아나타삔디까 승원에 계셨다. 그때 마침 어떤 하늘나라 사람이 한밤중을 지나 아름다운 모습으로 제따 숲을 두루 비추며 세상에서 존귀한 님께서 계신 곳을 찾았다. 다가와서 그 하늘사람은 세존께 시로써 이와 같이 말했다."

〔하늘사람〕
"많은 하늘나라 사람과 사람들, 최상의 축복을 소망하면서 행복에 관해 생각하오니, 최상의 축복이 무엇인지 말씀해 주소서."
〔세존〕
"(1) 어리석은 사람을 사귀지 않으며, 슬기로운 사람과 가까이 지내고, 존경할 만한 사람을 공경하니, 이것이야말로 더 없는 축복입니다.
(2) 분수에 맞는 곳에서 살고, 일찍이 공덕을 쌓아서, 스스로 바른 서원을 하니, 이것이야말로 더 없는 축복입니다. 많이 배우고 익히며 절제하고 훈련하여 의미 있는 대화를 나누니,

이것이야말로 더 없는 축복입니다.

(3) 아버지와 어머니를 섬기고, 아내와 자식을 돌보고, 일을 함에 혼란스럽지 않으니, 이것이야말로 더 없는 축복입니다. 나누어주고 정의롭게 살고, 친지를 보호하며, 비난받지 않는 행동을 하니, 이것이야말로 더 없는 축복입니다.

(4) 악한 행위를 싫어하여 멀리하고, 술 마시는 것을 절제하고, 가르침에 게으르지 않으니, 이것이야말로 더 없는 축복입니다. 존경하는 것과 겸손한 것, 만족과 감사할 줄 아는 마음으로 때에 맞추어 가르침을 듣는 것, 이것이야말로 더 없는 축복입니다. 인내하고 온화한 마음으로 수행자를 만나서 가르침을 서로 논의하니, 이것이야말로 더 없는 축복입니다.

(5) 감관을 수호하여 청정하게 살며, 거룩한 진리를 관조하여, 열반을 이루니, 이것이야말로 더 없는 축복입니다. 세상살이 많은 일에 부딪쳐도 마음이 흔들리지 아니하고, 슬픔 없이 티끌 없이 안온한 것, 이것이야말로 더 없는 축복입니다.

(6) 이러한 방법으로 그 길을 따르면, 어디서든 실패하지 아니하고 모든 곳에서 번영하리니, 이것이야말로 더 없는 축복입니다." (「위대한 축복의 경」 전문, 숫타니파타, 전재성 역)

'축복'이라는 말은 일반적으로 종교에서 많이 쓰이는 용어입니다. 특히 기독교에서나 이 용어를 쓸 때는 신으로부터 받는 가호를 뜻합니다. 그리고 불교에서는 대신 축원이라는 말을 쓰는데, 이때도 불보살의 가피나 스님이 복을 빌어주는 것을 뜻합니다. 그러나 「위대한 축복의 경」에서 말하는 축복의 의미는 아주 다릅니다. 여기서 말하는 '축복'은 스스로 노력에서 바른 행위를 할 때 얻어지는 행복을 의미합니다. 그러므로 「위대한 축복의 경」은 행복을 가져오기 위해 재가자가 실천해야 하는 것이 무엇인지 부처님이 설하는 경전입니다.

경 첫머리에서, 하늘나라 사람(천인)이 최상의 행복을 가져오는 오는 길이 무엇인지 부처님에게 묻습니다. 이 질문 자체는 행복을 가져오는 길을 묻는 일반적인 질문으로 볼 수 있지만, 이 경전이 초기 부처님 시대에서 설해진 이상, 당시의 현실에서 이해하도록 노력해야 합니다. 즉 바라문과 여러 사상가들(고행자, 명상가, 또는 회의주의자) 앞에서 새로운 사상을 펴는 젊은 사문 붓다(부처님)의 가르침으로 보아야 합니다. 첫 번째 가르침은 행복을 가져오는 참된 친구(선지식)가 누구인지에 대한 부처님의 가르침입니다.

1) "어리석은 사람을 사귀지 않으며, 슬기로운 사람과 가까이 지내고, 존경할 만한 사람을 공경하니, 이것이야말로 더 없는 축복입니다."

부처님은 무엇보다 최상의 행복을 가져오기 위해서는 "'어리석은 사람'과 사귀지 말고, '슬기로운 사람'과 가까이 지내고, '존경할 만한 사람'을 공경하라"고 가르칩니다. 여기서 어리석은 사람은 누구이며, 슬기로운 사람과 존경할 만한 사람이 과연 누구인지 탐구해야 합니다. 지금까지 우리가 초기경전을 이해한 바탕에서 생각해 보면, 어리석은 사람은 인과因果를 믿지 않는 사람입니다. 말하자면 숙명론자나 회의론자입니다. 모두 당시 새로운 사문들의 사상입니다. 그리고 고행을 통해서 행복을 얻는다고 생각하는 고행주의자나, 제사를 지내면 행복이 온다고 믿는 바라문을 뜻한다고 볼 수 있습니다.

부처님은 욕망과 집착을 내려놓음으로써 마음의 행복(열반)을 구하며, 나아가 연기법을 깨닫는 가르침을 폈습니다. 그러므로 경전에서 말하는 '슬기로운 사람'은 행위에 있어서의 원인과 결과를 믿는 사람입니다. 즉 부처님의 가르침인 연기법을 이해한 사람입니다. '존경할 만한 사람'은 부처님의 가르침을 실천하는 훌륭한 출가자를 뜻한다고 볼 수 있습니다. 초기경전에서는 존경할 만한 사람을 '공양을 받을 만한 사람(아라한)'으로 표현합니다. 부처님은 물론 뛰어난 제자들은 모두 아라한으로 공경을 받았습니다. 부처님은 행복을 가져오는 첫째 조건으로 연기법을 알고 실천하는 사람, 즉 부처님과 그 제자를 선한 친구(도반)로 사귀라고 합니다.

두 번째로 부처님은 욕망을 줄이고 선한 공덕을 쌓는 행위가 행복을 가져온다고 가르칩니다. 구체적으로 가장 기본적인 주거(집)에 대한 가르침부터 시작합니다.

2-1) "분수에 맞는 곳에서 살고, 일찍이 공덕을 쌓아서, 스스로 바른 서원을 하니, 이것이야말로 더 없는 축복입니다."

분수에 맞는 곳에서 살아야 욕망의 노예가 되지 않습니다. 큰 집과 하인과 소, 말, 보석과 자식에 욕심을 품으면 남에게 보시하여 공덕을 쌓을 여유가 없습니다. 이어서 부처님은 행복을 가져오는 직업윤리에 대해 말합니다.

2-2) "많이 배우고 익히며 절제하고 훈련하여 의미있는 대화를 나누니, 이것이야말로 더 없는 축복입니다."

자신의 생계에 필요한 기술을 많이 익히고 훈련하는 것은 불방일, 즉 부지런히 배우고 일하는 것을 뜻합니다. 의미있는 대화를 나눈다는 것은 무엇을 말하는지 분명치 않습니다만, 일터에서 원만한 인간관계를 뜻하는 것이 아닌가 짐작합니다.

세 번째 가르침은 가정과 친척, 그리고 이웃에서 행복을 가져오기 위해 재가자가 해야 할 일입니다.

3-1) "아버지와 어머니를 섬기고, 아내와 자식을 돌보고, 일을 함에 혼란스럽지 않으니, 이것이야말로 더 없는 축복입니다."

부모를 잘 모시고, 아내와 자식을 돌보는 일은, 말할 것도 없이, 가정의 행복을 가져오는 일이며, 재가자로서 해야 할 가장 중요하고도 기본적인 의무입니다. 경전(쌍윳따니까야)에는, 한때는 부유해서 재물을 자식에게 물려주었지만, 늙어서 자식에게 버림을 받은 한 늙은 바라문 이야기가 나옵니다. 그 바라문은 부처님을 찾아 자기의 처지를 호소했습니다. 부처님은 그 늙은 바라문에게 사람들이 모인 자리에서 읊으라고 다음과 같은 시를 가르쳐주었습니다. 늙은 바라문은 사람들이 모인 곳에서 시를 외웠습니다.

"내가 아들의 탄생을 기뻐하고 그들을 키웠지만
그들은 아내들과 모반하여 나를 개가 돼지를 몰아내듯 쫓아내었소.
아들의 형상을 한 야차들이 나이든 늙은이를 버리네.
늙은 말이 여물도 없이 말구유에서 쫓겨나듯이
나는 자식들의 늙은 아버지이지만 다른 집에서 밥을 빌어먹고 있다오.
불효한 자식들보다 지팡이가 나에게 더욱 의지가 된다오.
어둠 속에서 앞으로 가고 캄캄한 밤에서도 바닥을 찾으니
지팡이의 힘에 의지해서 넘어져도 다시 일어나네."

(「대부호의 경」, 쌍윳따니까야, 전재성 역)

이웃의 비난이 거세지자 결국 아들은 부모를 모셔옵니다. 부모와 자식을 돌보라는 위 3)번 구절의 두 번째 문장을 보면, 부처님의 생각이 무엇인지 잘 드러납니다. 부처님은 친척과 이웃에게 보시를 베풀라고 하며, 이러한 삶이 곧 정의로운 삶이라고 말씀합니다. 친지를 외면하면, 현명한 자들로부터 비난을 받으니 행복해질 수 없습니다.

3-2) "나누어주고 정의롭게 살고, 친지를 보호하며, 비난받지 않는 행동을 하니, 이것이야말로 더 없는 축복입니다."

이웃과 친척을 보호하고 나누어주며 정의롭게 살아야 행복이 온다는 부처님의 가르침은 당시 자연이나 신에게 제사를 지내며 자신이나 가문의 축복을 기원하는 바라문의 가르침과는 아주 다릅니다.

네 번째는 부처님의 가르침을 가까이 하는 일입니다. 술을 마시거나 주문을 외우거나 고행을 하는 수행자를 가까이 하면 부처님의 가르침을 가까이 할 수 없습니다. 이 모두 탐욕과 분노를 일으키는 악한 행위입니다. 바라문들이 주장하는 금기와 미신적인 관습도 과감히 버려야 합니다.

4-1) "악한 행위를 싫어하여 멀리하고, 술 마시는 것을 절제하고, 가르침에 게으르지 않으니, 이것이야말로 더 없는 축복입니다."

악한 행위를 멀리하고 난 다음, 부처님의 가르침을 받아들일 때에는 만족과 감사의 마음으로 들어야 합니다. 당시는 아직 부처님이 세상에 나온 지 얼마 되지 않아 사람들에게 무시를 당하는 일이 많았습니다. 한 귀부인은 부처님의 가르침을 들을 때 높은 의자에 앉아 있었습니다. 부처님은 그날 법문을 사양하고 돌아섰습니다. 나중에 그 부인이 마음을 고쳐 낮은 자세로 앉았을 때 비로소 부처님은 설법을 허락했습니다.

4-2) "만족과 감사할 줄 아는 마음으로 때에 맞추어 가르침을 듣는 것, 이것이야말로 더 없는 축복입니다."

부처님의 가르침을 듣고 나서는 수행자를 만나서 진지하고 공경하는 마음으로 담마(부처님의 가르침)를 논의해야 합니다.

4-3) "인내하고 온화한 마음으로 수행자를 만나서 가르침을 서로 논의하니, 이것이야말로 더 없는 축복입니다."

부처님은 당신이 깨달은 진리를 서로 공개적으로 논의하라고 했습니다. 그러나 종교가 권위적일 때에는 이렇게 할 수 없습니다. 제사와 주문을 전수하는 바라문 종교에는 오직 바라문 종족끼리만 전하는 비밀과 권위만 있을 뿐, 공개적이고 합리적인 토론이 불가능합니다. 부처님은 존경과 이해로 인내심을 가지고 수행자와 진리를 논의할 때 행복이 온다고 말씀합니다. (4)번 구절은 부처님의 가르침을 가까이 하는 일에서부터 법문을 듣는 마음가짐, 그리고 마지막에는 법담을 나누는 과정까지 법문을 공부하는 단계가 자세히 나와 있습니다. 부처님의 치밀한 사유와 관찰이 느껴집니다.

다섯 번째는 재가자의 수행에 대한 가르침입니다. 부처님은 재가자에게 진리(사성제: 괴로움, 괴로움의 원인, 괴로움의 소멸, 괴로움의 소멸에 이르는 길)를 관조하여 열반을 성취하라고 말합니다. 열반은 번뇌를 여읜 고요한 마음입니다. 우리는 이 구절에서 참으로 놀라지 않을 수 없습니다. 열반은 출가자만이 얻을 수 있다고 생각해 왔기 때문입니다.

 5-1) "감관을 수호하여 청정하게 살며, 거룩한 진리를 관조하여, 열반을 이루니, 이것이야말로 더 없는 축복입니다."

 재가자가 번뇌를 이기고 마음의 평화를 얻기 위해서는 끊임없이 욕망과 유혹에 대해 성찰해야 합니다. 「위대한 축복의 경」에서 말하는 열반은 재가자가 삶에서 일어나는 욕망과 집착을 살펴, 참고 버리고 이겨내서 얻는 소박한 적멸(고요함)입니다. 초기불교에는 이처럼 승속의 차별이 없었습니다. 이렇게 수행하면, 세상살이 많은 일에 부딪쳐도 '슬픔'없이 지낼 수 있다고 부처님은 말씀합니다.

 5-2) "세상살이 많은 일에 부딪쳐도 마음이 흔들리지 아니하고, 슬픔 없이 티끌 없이 안온한 것, 이것이야말로 더 없는 축복입니다."

 부처님이 말하는 슬픔은 뜻이 깊습니다. 다음 「폭력을 휘두르는 자의 경」(숫타니파타)에서 우리는 슬픔의 깊은 뜻을 배울 수 있습니다.

명색(정신과 신체)에 대해서 '내 것'이라는 것이 전혀 없고, 없다고 해서 슬퍼하지 않는다면, 그는 참으로 세상에서 잃을 것이 없습니다. '이것은 내 것이다' 또는 '이것은 어떤 다른 자의 것이다' 하는 생각이 없다면, '내 것이라는 것'이 없으므로 그는 '나에게 없다'고 해서 슬퍼하지 않습니다.

슬픔은 '내 것에 대한 집착'에서 일어납니다. 거룩한 진리(사성제)를 관조하면 마침내 무아無我의 진리를 깨달을 수 있습니다. 부처님은 이렇게 '내 것'이 없는 무아의 진리를 깨달아 슬픔을 이겨내면 행복이 온다고 말합니다. 참으로 우리 재가자의 눈을 번쩍 뜨게 하는 해탈의 가르침입니다. 이렇게 부처님의 가르침을 실천할 때, 우리의 삶은 행복해지고 모든 곳에서 번영하게 됩니다.

6) "이러한 방법으로 그 길을 따르면, 어디서든 실패하지 아니하고 모든 곳에서 번영하리니, 이것이야말로 더 없는 축복입니다."

「위대한 축복의 경」의 내용을 다시 살펴보면, 1)번 구절은 행복을 가져오기 위해 누구를 가까이 해야 하는지 말씀합니다. 즉, 참된 선지식(좋은 친구)이 누구인지 밝힙니다. 2)번 구절은 행복을 가져오기 위해 취해야 할 주거와 직업에 대한 가르침, 그리고 3)번은 가정과 친지 이웃에 대한 배려와 정의로운 나눔이 행복을 가져온다는 가르침입니다. 4)번 구절은 부처님의 가르침을 가까이 하고 나아가 깊이 이해하여, 마지막으로 수행자와 법을 논의하는 과정을, 이어 5)번 구절은 부처님의 가르침에 따라 열반을 얻고 슬픔에서 벗어나는 수행에 대한 가르침입니다. 6)번 구절에서는 재가자가 이렇게 살면 어디서나 실패하지 않고 모든 곳에서 행복을 얻는다고 말씀합니다.

부처님의 가르침은 당시 세상을 지배하던 바라문의 가르침, 즉 제사나 주문을 외우는 신비적인 기복행위를 멀리 떠났으며, 인과를 무시하고 공동체의 윤리를 거부하는 회의론자의 주장이나, 물이나 불을 섬기는 고행자의 가르침과도 멀리 떠나 있습니다. 「위대한 축복의 경」이 2,500여 년이 지난 오늘 이 시대에도 의미가 있는 것은, 지금도 여전히 제사, 주문, 이기적인 기복, 또는 고행 등이 성행하고 있기 때문입니다. 모든 일에 인과를 무시하거나, 공동체를 무시하는 풍조도 발견하기 어렵지 않습니다. 더욱 놀라운 것은 이러한 풍조가 비록 일부이겠지만 불교계 안에서 일어나고 있다는 사실입니다.

「위대한 축복의 경」에는 행복을 가져오는 삶과 수행이 무엇인지 재가자에게 설하는 부처님의 진솔한 가르침이 담겨 있습니다. 고통에 진지한 사람만이 행복의 가치를 알고, 욕망과 집착을 버리는 수행을 받아들입니다. 공부모임에 참석한 한 도반은 「위대한 축복의 경」을 인쇄해서 여러 사람에게 나누어 주고, 아침 저녁 독송할 결심을 했습니다. 초기경전을 읽으면, 부처님의 원음原音을 배우는 기쁨을 얻습니다.

「보배의 경」을 읽으며

「보배의 경」은 사람들에게 불교가 무엇인지 알리는 초기경전입니다. 불교의 교단에는, 불자라면 누구나 잘 알다시피, 삼보 즉 세 가지 보배가 있습니다. 부처님, 가르침, 그리고 성자(참사람)의 모임이지요. 「보배의 경」은 이 세 가지 보배의 뜻을 자세히 설명합니다. 그리하여 듣는 이로 하여금 불교에 귀의하는 마음을 일으키게 합니다.

불교에 귀의한다는 것은 무엇보다 자기 안의 욕망과 집착을 성찰하고 번뇌를 소멸시키는 법(부처님의 가르침)을 배우는 것입니다. 그리하여 마침내 욕망이 소멸된 기쁘고 행복한 경지(열반)를 얻습니다. 불교에 귀의하면 이와 같이 열반을 얻어 행복한 삶을 살게 되니, 「보배의 경」(숫타니파타, 전재성 역)은 첫머리에 그 뜻을 이렇게 설명합니다.

(4) "싸끼야 족의 성자가 삼매에 들어 성취한 지멸止滅과 소멸消滅과 불사와 승묘, 이 사실과 견줄 만한 것은 아무것도 없습니다. (부처님의) 가르침 안에야말로 이 훌륭한 보배가 있으니, 이러한 진실로 인해서 모두 행복하여지이다."

(5) "깨달은 님들 가운데 뛰어난 님께서 찬양하는 청정한 삼매는 즉각적인 결과를 가져오는 삼매이니, 그 삼매와 견줄 것은 아무 것도 없습니다."

지멸止滅과 소멸, 불사 등은 모두 열반을 가리킵니다. 욕망을 가라앉히는 삼매는 바라문이나 노예 등 타고난 종성에 상관없이 얻을 수 있으며, 즉각 그 결과를 경험할 수 있다고 합니다. 초기 불교의 수행이 매우 소박하고 실천적인 것을 보여줍니다.

욕망과 집착을 스스로 성찰하여 멈추게 하고 행복을 얻는 진리는 오늘 우리에게는 너무나 당연하게 들립니다. 그러나 부처님의 가르침을 삶 속에서 살펴보면 오늘 어느 누구에게도 이 당연한 가르침이 잘 받아들여지지 못하고 있는 현실을 발견할 수 있습니다. 불교에 귀의하기 위해서는 다음 세 가지를 버려야 한다고 「보배의 경」은 강조합니다.

(10) "통찰을 성취함과 동시에, 존재의 무리가 실체라는 견

해, 매사의 의심, 규범과 금계에 대한 집착의 어떠한 것이라도, 그 세 가지의 상태는 즉시 소멸(됩니다)"

당시 인도의 지배종교 계급인 바라문들은 복을 얻고 재앙을 피하기 위해 사람들에게 제사를 지내게 하였습니다. 아울러 스스로 주문을 제작하여 사람들에게 알려주고 그 대가를 받았습니다. 거기에는 집, 수레, 땅, 보석, 심지어 하인 여자도 있었습니다. 이 모든 종교적 제사나 기복행위에는 예로부터 사람에게는 과거, 현재, 미래에 걸쳐 윤회하는 영원한 자아(아트만)가 있다는 믿음이 있습니다.

부처님은 바라문들의 종교적 이념을 거부했습니다. 불교에 귀의하더라도 세 가지 관념을 버릴 수 있어야 성자(참사람)의 대열에 들 수 있다(入流)고 했습니다. 그것은 위 (10)번 구절에 나와 있듯이, 규범과 금계에 대한 집착(계금취견), 몸속에 자아가 있다는 생각(유신견), 그리고 매사를 제사와 주문에 의지하는 불안한 의식(매사의 의심)입니다.

부처님은 제사나 주문, 전통적인 규범이나 권위에서 벗어날 때 스스로 자신의 말과 생각과 행위를 바라볼 수 있는 자유로운 성찰이 가능하다고 주장했습니다. 불교의 행복은 전통이나 외부의 권위가 주는 행복이 아닌, 스스로 자신의 지성으로 성찰해서 얻는 행복입니다.

(7) "확고한 마음으로 감각적 욕망이 없이, 고따마의 가르침에 잘 적응하는 참사람은 불사에 뛰어들어 목표를 성취해서 희열을 얻어 적멸을 즐깁니다. 참모임 안에야말로 이 훌륭한 보배가 있으니, 이러한 진실로 인해서 모두 행복하여지이다."

부처님은 무엇보다 제사나 주문이나 종교적 규범과 금기 속에서 바라문들의 탐욕과 분노, 어리석음을 보았습니다. 제사나 주문을 만들어 내면서 많은 재물을 착취하는 바라문들의 위선을 보았던 것입니다. 그 속에는 전통에 대한 맹목적인 복종을 강요하는 종교적 권위가 있습니다. 윤회에서의 해탈을 논하며, 복을 구하고 재앙을 피하는 바라문의 종교의식에서 탐욕과 어리석음이 숨어 있는 것을 통찰한 청년 부처님의 맑은 지성에 참으로 경의를 표하지 않을 수 없습니다.

부처님의 가르침을 곰곰이 생각하면 오늘 우리의 종교적 의식을 되돌아보게 됩니다. 우리 불교의 의례에도 부처님이 경계하던 세 가지 관념이 자리잡고 있는 것은 아닌지요. 불합리한 권위, 맹목적인 기복의식, 두려움을 이기기 위해 신비한 힘에 의지하는 태도는 결국 우리 스스로 자유로운 지성을 포기하는 길입니다. 아울러 부처님이 통찰하였듯이, 우리 또한 그러한 신비한 의식儀式에 집착하는 종교단체의 탐욕을 눈여겨보지 않을 수 없습니다.

우리의 마음은 현실의 고통과 미래에 대한 두려움 때문에 무의식적으로 절대적 권위나 신비한 존재에 의지하려고 합니다. 그래서 부처님은 늘 우리의 언어와 행위와 삶을 성찰하며 깨어 있으라고 말했습니다. 성찰은 잠을 자지 않고 밤을 새는 수행과 다릅니다. 부처님은 스스로 성찰하는 삶을 요구하고, 나아가 자신의 잘못을 도반들에게 지적해주기를 바라는 모임(포살과 자자)을 제정했습니다. 그리고 도반에게 자신의 잘못을 드러내는 일을 칭송했습니다. '자자'를 할 때는 부처님 스스로 먼저 제자들에게 당신의 언어와 행위에 어떤 잘못이 없었는지 겸허하게 물었습니다. 부처님은 좋은 도반은 스승과 같으며, 수행의 전부라고도 말씀했습니다.

(11) "신체와 언어와 정신으로 사소한 잘못을 저질렀어도, 그것을 감추지 못하니, 궁극적인 길을 본 사람은 그것을 감출 수 없습니다. 참모임 안에야말로 이 훌륭한 보배가 있으니, 이러한 진실로 인해서 모두 행복하여지이다."

욕망과 집착, 분노에 대한 성찰은 맹목적인 권위나 기복의식을 버릴 때 얻어집니다. 권위나 전통에 복종하는 마음에는 성찰된 의식, 지성이 깨어날 수 없기 때문입니다. 외적인 권위나 신통에 의지하면서 동시에 부처님의 가르침을 따르는 불자가 될 수는 없습니다. 「보배의 경」은 마지막으로 부처님의 가르침을 따르는 참사람의 길을 이렇게 알려줍니다.

(14) "그에게 과거는 소멸하고 새로운 태어남은 없으니, 마음은 미래의 생존에 집착하지 않고, 번뇌의 종자를 파괴하고 그 성장을 원치 않으니, 현자들은 등불처럼 꺼져서 열반에 드시나니, 참모임 안에 이 훌륭한 보배가 있으니, 이러한 진실로 인해서 모두 행복하여지이다."

자비의 실체

역사를 보면, 불교는 빠른 시간에 인도 전역에 퍼졌다. 많은 사람들이 기존의 바라문 종교나, 당시 성행하던 고행 또는 선정의 가르침을 버리고, 당시로서는 매우 새로운 젊은 고따마 붓다의 가르침을 받아들인 것이다. 고따마에게 귀의한 사람들은 붓다의 가르침을 배우기 위해 집을 떠나 탁발하는 삶을 선택했지만, 그 삶은 고난을 생각하지 않고서는 상상할 수 없는 여정이었다.

부처님과 제자들은 하루 한 끼의 탁발을 하고서는 남은 시간은 숲에서 지냈다. 이른 아침에는 마을을 다니며 법을 전했고, 햇볕이 강한 오후에는 숲에서 지내며 부처님의 가르침을 듣고 법담을 나누거나, 그렇지 않으면 거룩한 침묵을 지키며 선정에 들었다.

부처님은 제자들이 재가자들을 위해 꿈을 해몽하거나, 혼사를 알선하거나, 새나 짐승의 소리로 점을 치거나, 점성술에 종사하는 것을 금했다. 이런 행위는 당시 탁발하는 다른 종교의 수행자들이 생계를 위해 흔히 하는 일이었다. 부처님은 병이 들거나 굶주리더라도 스스로 참아내라고 가르쳤다. 재가자나 신도들에게 일체 무엇을 바라는 법이 없도록 했던 것이다. 「성자의 경」을 보면 당시 부처님과 제자들의 삶을 볼 수 있다.

"남들이 극단적인 말을 하더라도 목욕장에 서 있는 기둥처럼 태연하고, 탐욕을 떠나 모든 감관을 잘 다스리는 자, 현명한 님들은 그를 또한 성자로 안다. 베틀의 북처럼 바르게 자신을 확립하여 모든 악한 행위를 싫어하고, 바른 것과 바르지 않은 것을 잘 아는 자, 현명한 님들은 그를 또한 성자로 안다. (그릇의) 윗부분이건 중간 부분이건 남은 것이건, 타인에 의해 주어진 것으로 생활하고, 칭찬하지도 않고 욕을 하지도 않는다면, 현명한 님들은 그를 또한 성자로 안다."
(「성자의 경」, 숫타니파타, 전재성 역)

하루 밥 한 끼 외에는 아무것도 바라지 않는 수행자는 재가자가 무엇을 주건, 그 음식에 대해 불평이나 칭찬을 하지 않아야 했다. 누가 어떤 험담이나 칭송을 하든, 목욕탕의 기둥처럼 침묵을 지킨다. 밥을 더 잘 받기 위해, 또는 명성을 얻기 위해 신통한 능력을 보이거나 앞날을 예언하는 등의 행위를 하는 법이 없었다. 이러한 수행자가 오늘 우리 주위에 있다면 우리는 그에게서 무엇을 느낄 수 있을까?

재가자들은 한 끼 밥을 얻으러 자기 집의 대문을 두드리는 부처님이나 제자들을 만났다. 그리고 특별히 음식을 차려놓고 부처님과 제자들을 초대한 때는 공양이 끝난 뒤에 법문을 들었다. 밥을 드신 부처님은 재가자들에게 탐욕과 성냄을 경계하며 보시하는 삶을 칭송했다. 듣는 사람의 이해가 깊어짐에 따라 마지막에는 괴로움을 넘어서는 해탈의 길(사성제: 네 가지 거룩한 진리)을 설법하였다.

부처님과 제자들은 탁발하는 시간 외에는 숲속에서 탐욕, 성냄, 어리석음을 성찰하고 없애는 수행에 집중하였다. 「성자의 경」을 읽으면, 그들은 재가자들에게 하루 한 끼 밥을 얻는 것 외에, 무엇을 더 얻기 위해 주문을 외어 복을 빌어주거나 앞날을 예언하지 않았다. 한 주먹의 밥 외에는 나에게 아무것도 바라지 않는 사람에게서 느끼는 편안함과 고요함이 곧 부처님과 제자들의 자비의 실체가 아니었을까?

고요한 마음은 오직 탐욕, 성냄 등 자기 내면을 성찰할 때 얻어진다. 「자애의 경」에 보면, 부처님은 제자들에게 출가자는 만족할 줄 알아 남이 공양하기 쉬워야 하며, 생활이 간소해야 자비라고 가르쳤다. 신도들에게 이런저런 요구를 하는 종교인이 많다. 고요한 마음으로 이웃이나 신도들을 대하는 수행자가 그립다.

아름다운 사람

지금부터 2,500여 년 전의 부처님을 그리기는 쉽지 않습니다. 법당에서 익숙하게 만난 불상은 숭배의 대상이라 겉모습에서 인간적인 이미지를 찾아내기는 어렵습니다. 우리나라의 절에 모셔져 있는 부처님은 대개 점잖고 얼굴이 원만합니다. 미소가 그윽하며, 불상의 얼굴은 살이 알맞게 붙어 있습니다. 이에 비해, 태국이나 동남아시아 절에서 보는 부처님은 젊고 날씬합니다. 어떤 불상은 아름답기까지 합니다. 부처님은 실제로는 35살에 깨달은 이가 되어 80세까지 살았으니, 젊은이의 모습에서 주름이 깊고 등이 구부러진 노인의 형상을 다 가지고 있습니다.

수행자 고따마는 겉모습은 비록 머리를 빡빡 깎고 허름한 옷을 입었지만, 29살까지 왕궁에서 자란, 요사이로 말하자면, 귀한 왕가의 청년입니다. 깨달음을 얻기 위해 유행하는 수행자 시절의 부처님을 본 사람은 당시 마가다국의 왕 빔비싸라였습니다. 왕은 젊은 수행자의 태도가 예사롭지 않음을 보고, 신하들에게 이렇게 말했습니다.

"그대들은 저 사람을 보라. 아름답고 건장하고 청정하고, 걸음걸이도 우아할 뿐 아니라 멍에의 길이만큼 앞만을 본다. 눈을 아래로 뜨고 새김을 확립하고 있다. 그는 천한 가문 출신이 결코 아니다. 사신들이여, 그를 쫓아가라. 저 수행승은 어디로 가고 있는 것인가?"(「출가의 경」, 숫타니파타)

이제 막 왕궁에서 나온 지 몇 년 되지 않은 청년(30세 초반이겠지요)의 모습이 그대로 묘사되어 있습니다. 청년 수행자는 아름답고 건장하고 걸음걸이도 우아하며, 주위를 두리번거리지 않고 오직 눈을 아래로 뜨고 조용히 걷고 있습니다. 이윽고 사신들의 안내로 빔비싸라 왕은 고따마(고타마)와 서로 얼굴을 맞댑니다. 젊은 수행자를 본 왕은 이렇게 물었습니다.

〔빔비싸라〕 "당신은 아직 어리고 젊습니다. 첫 싹이 트고 있는 청년입니다. 용모가 수려하니 고귀한 왕족 태생인 것 같습니다. 코끼리의 무리가 시중드는 위풍당당한 군대를 정렬하여 당신께 선물을 드리니 받으십시오. 묻건대, 당신의 태생을

말해 주십시오."

〔세존〕"왕이여, 저쪽 히말라야 중턱에 한 국가가 있습니다. 꼬쌀라국의 주민으로 재력과 용기를 갖추고 있습니다. 씨족은 '아딧짜(태양의 후예)'라 하고, 종족은 '싸끼야(석가)'라 합니다. 그런 가문에서 감각적 욕망을 구하지 않고, 왕이여, 나는 출가한 것입니다. 감각적 쾌락의 욕망에서 재난을 살피고, 그것에서 벗어남을 안온(평안)으로 보고 나는 정진하고자 합니다. 내 마음은 이것에 기뻐하고 있습니다."(「출가의 경」)

우아하고 용모가 수려한 청년 수행자는 왕에게 자신은 감각적 쾌락의 욕망에서 위험(재난)을 보고 출가하였으며, 그것에서 벗어난 마음의 평안을 목표로 정진하고 있다고 말합니다. 부처님이 말하는 감각적 쾌락의 욕망은 감각적 쾌락에 대한 욕망뿐만 아니라 감각적 쾌락을 보장해줄 부와 권력과 명예를 소유하고자 하는 집착을 모두 뜻하는 말입니다. 저는 「출가의 경」을 읽으면서 두 가지 경이로운 점을 부처님에게서 보았습니다.

청년 수행자는 탐욕과 분노와 폭력 등을 세상의 고통으로 보았으며, 감각적 쾌락의 욕망과 집착을 그 원인으로 이해하고 있습니다. 당시 일반 수행자들이 추구하던 전생에 대한 지식이나 초자연적 자아 등을 얻기 위해서가 아니라, 감각적 쾌락을 재난으로 파악하고 여기서 벗어나는 길을 찾고 있는 것입니다. 서른 살 초반의 청년 수행자의 순수하고 진지한 문제의식에 대해 놀라움을 넘어 경이로움마저 느낍니다.

또 한 가지 놀라운 점은 부처님이 세운 승단(상가)의 성격입니다. 당시 바라문교나 일반 수행자들은 해탈이나 축복을 얻기 위해 전생의 숙명이나 미래를 보는 신통력을 얻거나, 또는 하늘의 여러 신들에게 제사를 지냈습니다. 부처님은 주문을 외워 복을 빌거나, 제사를 지내 전쟁의 승리를 빌어주던 당시의 브라만 종교가들을 비판했고, 갠지스 강가에서 목욕을 하거나, 불을 피우는 수행자들을 헛된 짓이라고 비난했습니다. 오직 탐욕과 분노, 어리석음 등을 살피는 내적 성찰을 통해 마음의 평화(열반; 욕망의 소멸)를 추구했습니다. 이런 점에서 고따마 부처님 당시의 승단은 주문을 외우고 장엄한 제식에 익숙한 오늘 우리 불교의 현실과 거리가 있다고 하지 않을 수 없습니다.

종교의 지도자가 신통력을 갖추면 추종자가 줄을 잇습니다. 교주는 추종자들에게 부와 명예를 약속하고, 자신은 재물을 모읍니다. 추종자는 교주의 신통력으로 미래의 부귀를 보장받은 듯한 착각을 합니다. 추종자와 교주는 서로 유혹과 집착으로 묶여 있습니다. 소위 신통력이 있는 교주나 스승을 따르는 곳에서는 아무리 법회라는 이름을 내걸고 모여 있다 하더라도 내적 성찰이 일어날 수 없습니다. 부처님의 제자 중에 지혜가 높은 싸리붓따(사리불)는 부처님을 스승으로 만난 감동을 이렇게 표현했습니다.

"내가 스승의 가르침을 들은 것은 헛되지 않았다. 나는 속박을 끊고 번뇌에서 벗어났다. 실로 내가 얻고자 바랐던 것은 전생에 대한 지식도 아니고, 미래를 내다보는 눈도 더욱 아니며, 다른 사람의 마음을 꿰뚫어 보는 초능력도 아니고, 죽은 후에 다시 어느 곳에 태어났는지를 아는 지식도 아니며, 보통 사람이 듣지 못하는 소리를 듣는 초능력에도 있지 않았다.
수행자는 마음이 안정되고, 고요하며, 말할 때에 절제하며, 자만을 버려, 바람이 나뭇잎을 날리듯 악한 성품을 걷어낸다. 나는 죽음을 바라지 않는다. 나는 삶을 바라지도 않는다. 죽을 때도 주의 깊고 깨어 있는 의식으로 이 몸을 버리리라."
(「장로비구의 시(테라가타)」, 싸리붓따 편, K.R. Norman 영역)

수행자 고따마는 29살에 집을 나섰습니다. 그는 아내와 아들 라훌라를 둔 가장입니다. 그가 왕자로서 지내는 동안 궁중에서 어떤 고통을 겪었는지는 모릅니다. 그러나 그가 극복하고자 했던 미움, 분노, 폭력, 탐욕 등을 고려하면 그 실상은 오늘 우리 삶의 현실과 크게 다를 바가 없습니다. 이 모든 고통은 인류의 오랜 짐입니다.

감각적 쾌락이 추구하는 욕망과 집착은 유혹이 강해, 빠지기는 쉬워도 맞서기는 어렵습니다. 욕망과 집착을 재난으로 인식하고 거기에 맞서 자유의 길을 찾고자 결심한 29살 청년 고따마는 참 아름다운 사람입니다. 그는 왕자의 명예와 부귀를 버렸을 뿐만 아니라, 출가자가 되어서도 명예와 환대를 쉽게 얻을 수 있는 권위나 신통력을 추구하지 않았습니다. 어느 시대를 막론하고 내면의 혼란을 겸손하게 받아들여 성찰하는 사람은 아름다운 사람입니다.

싸리뿟따의 네 가지 질문

불과 3, 40여 년 전만해도 어느 가정이나 책장에는 사서삼경이나 동서양의 고전이 꽂혀 있었습니다. 청소년 시기에는 문학작품과 고전을 읽으며 밤을 새는 일이 흔했습니다. 사람 사는 도리를 논하는 자리에는 눈망울이 초롱초롱한 젊은이들이 모여들었습니다. 어려운 시절이었지만 풍성했던 우리 사회의 인문학적인 풍조를 이제는 찾아보기 어렵습니다. 인문학이 사라진 지금, 사람이 자신의 존재를 인식할 수 있는 것은 오직 소비를 통해서 입니다. 사람은 사라지고 소비자만 남았습니다. 종교 또한 세속의 물결에 휩쓸려 단체의 규모나 종교간 경쟁에 몰두하고 있습니다. 심지어 신도를 고객으로 취급하는 경향마저 보입니다.

쫓기는 삶 속에서 자기를 돌아보기란 쉽지 않습니다. 수행자라면 그래도 이른 아침이나 늦은 밤에 앉아야 합니다. 자신을 수행자라고 여기는 것이 소중한 까닭은 몸이 힘들어도 앉을 마음을 놓치지 않기 때문입니다. 자기를 보는 수행은 곧 자신의 삶을 보는 일입니다. 주위를 보면, 현실을 등지고 사는 수행자를 이따금 볼 수 있습니다. 가족이나 이웃과 함께 삶의 짐을 나누지 않으면, 결국 수행자의 말과 행동은 주위 사람들의 공감을 얻지 못합니다. 주위 사람들은 수행을 삶과는 동떨어진 또는 초월적인 어떤 것으로 여기게 됩니다. 수행을 하는 이유가 분명하지 못하면, 누구도 수행의 가치에 귀를 기울이지 않습니다.

　부처님의 출가동기를 주목하는 까닭도 여기에 있습니다. 초기경전 『숫타니파타』를 공부하다 보면, 우리의 문제의식에 밝은 전망을 주는 경전을 발견할 수 있습니다. 제4 '여덟 게송의 품'에 있는 「폭력을 휘두르는 자의 경」과 「싸리뿟따의 경」이 그것입니다. 「폭력을 휘두르는 자의 경」이 부처님의 출가동기를 전하고 있는 데 비해, 「싸리뿟따의 경」은 출가자가 걸어가야 하는 길, 즉 수행의 당위에 대한 부처님의 가르침을 전하고 있습니다. 숫타니파타를 편집한 분이 이 두 경전을 15번째와 16번째에 이웃하여 배치한 데에는 실로 깊은 뜻이 있다고 하겠습니다. 「폭력을 휘두르는 자의 경」(전재성 역)에서 부처님은 당신이 출가한 이유를 생생하게 전합니다.

"잦아드는 물에 있는 물고기처럼 전율하고 있는 사람들을 보십시오. 서로 반목하는 사람들을 보고, 나에게 두려움이 생겨났습니다. 이 세상 어디나 견고한 것은 없습니다. 어느 방향이든 흔들리고 있습니다. 내가 머물 처소를 찾았지만, (두려움에) 점령되지 않는 곳을 보지 못했습니다. 그들이 끝까지 반목하는 것을 보고 나에게 혐오가 생겨났습니다. 그리고 나는 보기 어려운 것을 보았습니다. 그들의 심장에 박힌 화살을 보았습니다."

부처님은 서로 반목하는 사람들이 휘두르는 폭력을 보고, 두려움을 느꼈습니다. 마침내 왕자 고따마는 현실의 혼란과 고통을 넘어서는 진리를 찾기 위해 집을 나섰습니다. 사람들의 심장에 박힌 번뇌의 화살을 뽑기 위해, 그리고 진정한 기쁨과 해탈의 길을 찾기 위해 부처님은 왕자로서 누릴 명예와 부귀를 버린 것입니다. 부처님은 집을 나서서 자신이 해야 할 수행의 당위를 다음과 같이 밝혔습니다.

"세상에는 묶여진 속박들이 있는데, 그것들에 말려들어서는 안 된다. 그 감각적 쾌락의 욕망들을 꿰뚫어 보고, 자신을 위해 열반을 배워야 한다." (「폭력을 휘두르는 자의 경」)

수행을 통해 탐욕과 분노를 넘어서거나 고칠 수 있다고 생각하기에는 세상의 현실이 가혹하고 미움과 분노의 고통이 우리의 삶을 압도하고 있습니다. 부처님이 출가한 까닭이 인간의 존엄을 회복하는 귀한 길이지만, 자기의 문제로 받아들이기에는 너무 멀고 힘든 까닭이 여기에 있다고 하겠습니다. 욕망의 불이 꺼진 고요함(열반)을 바라지 않는 사람이 어디 있겠습니까만, 우리의 마음속에는 좌절과 불안과 불신이 가득합니다.

싸리뿟따는 부처님의 상수제자로서, 우리에게는 사리불 장로로 잘 알려져 있습니다. 대승불교에서는 보살의 입지를 높이기 위해 사리불이나 아난, 가섭 등 생전의 제자들을 의도적으로 폄하했습니다. 대승의 논사들이 이렇게 한 데에는 부득이한 이유가 있었겠지만, 그러나 실제 역사가 전하는 진실은 다릅니다. 부처님은 싸리뿟따를 가리켜 '당신이 굴린 위없는 가르침의 바퀴를 굴릴 사람'이며, '여래를 닮은 자(여래의 계승자)'라고 말했습니다. 「싸리뿟따의 경」 첫머리에 보면, 싸리뿟따는 모든 수행자들을 대신하여 부처님에게 다음과 같은 네 가지 질문을 합니다.

1) "수행승은 싫어하여 떠나서 나무 아래, 혹은 묘지나 산골짜기의 동굴 속에 아무도 없는 곳에 자리를 잡습니다. 높고 낮은 거처가 있지만, 수행승이 고요한 곳에서 지내더라도 두

려워하지 말아야 할 그곳에 얼마나 많은 두려운 일이 벌어집니까?"

2) "아무도 가보지 않는 곳으로 가는, 수행승이 외딴 곳에 기거하면서 이겨내야 하는 얼마나 많은 위험들이 있습니까?"

위 1) 구절에 나오는 '싫어하여 떠나서'라는 말은 세상의 탐욕과 미움을 싫어하여 집을 떠난(원리遠離, 또는 염리厭離) 부처님의 제자를 가리킵니다. '원리'나 '염리'에는 세속을 떠나는 것 이상의 깊은 수행의 뜻이 담겨 있습니다. 싸리뿟따가 올린 두 질문에 대해 부처님은 다음과 같이 대답했습니다.

1) "슬기로운 수행승은 새김을 확립하고, 한계를 알아 유행하며, 다섯 가지 위험한 것들, 즉 공격하는 곤충, 기어가는 뱀, 약탈하는 사람들과 야생의 동물들을 두려워해서는 안 된다. 다른 종교의 가르침을 두려워해서는 안 된다. 그들에게 두려워할 만한 것들이 있을지라도, 착하고 건전한 것을 추구하여, 다른 두려움들도 이겨내어야 한다. 질병을 만나고, 굶주림에 처하더라도 참아내고 추위와 무더위도 참아내야 하리라. 도둑질을 하지 말고, 거짓말을 하지 말고, 식물이나 동물이나 모든 생물에게 자애를 베풀어야 하리라. 마음의 혼란을 알아차린다면, 그것이 곧 악마의 동반자라 생각하여 그것을 제거

해야 한다. 분노와 교만에 지배되지 말아야 하고, 그것들의 뿌리를 뽑아버리고, 자신을 확립하여야 한다."(중략)
2) "외딴 곳에 거처하더라도 불만을 참고, 수행자는 네 가지 비탄(슬픔)의 현상을 견디어 내야 한다. '나는 무엇을 먹을까?', '나는 어디서 먹을까?', '나는 참으로 잠을 못 잤다.', '오늘 나는 어디서 잘 것인가?'"(「싸리뿟따의 경」)

「싸리뿟따의 경」은 집을 떠나 수행하는 탁발수행자의 삶이 얼마나 힘들고 위험했는지 생생하게 보여줍니다. 부처님의 제자들은 야생동물과 이교도의 위협 속에서 지냈으며, 먹고 자는 당장의 고통에서 슬픔과 외로움을 겪었습니다. 2,500여 년 전 인도에서 겪었던 수행자의 삶은 오늘 우리의 처지와는 아주 다릅니다. 그러나 싸리뿟따 장로의 질문은 이 시대의 수행자들에게 수행의 근본이 무엇인지 돌아보게 합니다.

우리의 생존의식은 매우 완고하며 자기중심적입니다. 배고픔과 수면, 추위와 더위, 그리고 명예와 환대 등의 욕망이 충족되지 못하면 슬픔과 분노에 휩싸입니다. 그리고 욕망이 이루어지면, 생존의식은 쉽게 게을러지고, 혼침에 떨어집니다. 욕망과 고통의 경험은 무의식적으로 두려움과 불안을 낳습니다. 그래서 생존의식은 갖가지 망상(사념)을 일으키고, 나아가 욕망을 채울 거짓(위선과 악행)마저 꾸며냅니다. 의식意識이 욕망과 집착에 매여 있으면 성찰할 수 있는 지성이 일어나기 어렵습니다. 다음은 싸리뿟따가 두 질문에 이어 다시 부처님께 질문한 내용입니다.

3) "수행승이 정진한다면, 그의 언어 형태는 어떠해야 하고, 세상에서 그의 행동 범주는 어떠해야 하고, 그의 규범과 금계(禁戒: 하지 말아야 하는 계율)는 어떠해야 합니까?"
4) "마음을 통일시키고, 현명하고, 새김을 확립하고 어떤 공부를 해야 자기에게 묻은 때를 마치 대장장이가 은의 때를 벗기듯, 씻어 버릴 수 있습니까?"

부처님은 3)과 4)의 질문에 이렇게 법문을 했습니다. 부처님의 말은 오늘 들어도 살아 있는 가르침입니다.

3) "세상에서 만족을 위해, 분량을 알아, 적당한 때 음식과 옷을 얻고, 그것들 가운데 몸을 수호하고, 마을에서 조심해 거닐고, 괴롭더라도 거친 말로 대꾸해서는 안 된다. 눈을 아래로 뜨고, 기웃거리지 않으며, 선정에 들어 확연히 깨어 있어야 하고, 삼매에 들어 평정을 닦아, 사념의 경향과 악행을 끊어버려야 한다. 새김을 확립한 자는 충고를 들었다면, 기뻐하고 청정한 삶을 사는 동료들에게 마음의 황무지를 버려야 하

리라. 때에 맞는 착하고 건전한 말을 하고, 사람들이 뒷공론하듯 사유해서는 안 된다."
4) "또한 세상에는 다섯 가지 티끌이 있으니, 새김을 확립하고 그 제어를 배워야 하니, 즉 형상, 소리, 또한 냄새, 맛, 그리고 감촉에 대한 탐욕을 이겨내야 한다. 수행승은 새김을 확립하고 마음을 잘 해탈시켜, 이런 것들에 대한 욕심을 제거하고, 적당한 때 올바로 가르침을 바르게 살피고, 마음을 통일하여 암흑을 제거해야 하리라."

부처님은 무엇보다 생존의식이 일으키는 탐욕과 두려움을 참고 견뎌내라고 가르쳤습니다. 탐욕과 두려움은 무의식적으로 일어나는 강한 충동입니다. 끓어오르는 분노와 탐욕을 참아낼 때 우리의 마음은 욕망과 집착에서 벗어나 성찰의 지성을 회복할 수 있습니다. 그러므로 불교의 인내(인욕)는 악행을 피하고, 마침내 성찰을 얻는 수행입니다. 남에게 보여주는 인내나 고통의 극한까지 참아내는 것은 고행주의자의 수행일 뿐, 불교의 수행이라고 할 수 없습니다. 3)번에서 말한 부처님의 가르침을 생각하면, 오늘 우리의 모습이 부끄럽습니다. 세상의 풍조를 비난하기에 앞서 우리 자신을 반성하지 않을 수 없으며, 나아가 인문학과 종교의 역할을 다시 묻지 않을 수 없습니다.

4)의 답변에서 보듯이, 부처님은 탐욕을 잘 살펴 마음을 잘 해탈시켜야 한다고 강조합니다. 형상, 소리, 냄새, 맛, 그리고 감촉에 대한 탐욕을 이겨내야 하고, 새김을 확립하고 분노와 교만을 떠나야 합니다. 불교는 누구나 외면하고 싶은 인간의 탐욕과 교만을 있는 그대로 탐구합니다. 부처님은 욕망과 집착을 감추고 은폐하는 위선이나 기만을 경계했습니다. 제자들과 함께 스스로 자신의 허물을 고백하는 모임인 포살과 자자는 불교의 성격을 잘 나타냅니다.

　오늘 우리의 현실을 보더라도, 세상의 혼란은 탐욕, 분노, 폭력, 미움, 거짓, 위선에서 오는 사실을 부정할 수 없습니다. 10년, 20년 앉은 수행자에게서도 여전히 같은 번뇌가 있는 것을 볼 때는 과연 수행이 무엇을 위한 수행인지 묻지 않을 수 없습니다. 자신의 내면에 숨어 있는 욕망과 집착을 성찰하는 일은 거창하게 우주를 논하거나 형이상학적인 원리를 논하는 일보다 작고 사소해 보입니다. 그러나 이 작고 사소해 보이는 길을 우리의 스승 석가모니 부처님은 걸었습니다. 끊임없이 욕망과 집착을 성찰하며, 무상無常과 무아無我의 가르침을 기억하고 새기는 수행은 고요한 평화를 얻는 진실한 나침반입니다. 부처님의 출가 동기와 수행의 이상(열반)은 인간의 가치가 무너지는 오늘의 현실에서 수행의 의미에 대해 다시 돌아보게 합니다.

두려움 없는 통찰

초기경전을 읽다보면 부처님의 행적을 생생하게 전해주는 장면에 놀라게 됩니다. 『숫타니파타』(제2 작은 법문의 품)에 나오는 「바라문의 삶에 대한 경」도 그 대표적인 경전 중의 하나입니다. 저는 처음 이 경전을 대했을 때 한동안 책을 덮지 못했습니다. 신화와 권위에 둘러싸여 법당 안에 돌처럼 앉아 있는 부처님이 아니라, 세상을 고민하며 사람들과 부딪치는, 살아 움직이는 지성을 만나는 놀라운 체험을 했습니다.

「바라문의 삶에 대한 경」에는 젊은 부처님과 당시 부유하고 학식이 높은 나이 든 바라문들이 만나 서로 토론하는 장면이 나옵니다. 토론의 주제는 놀랍게도 '옛 바라문의 삶'입니다. 즉, 옛 바라문들은 어떻게 살았는가 하는 것인데, 바꾸어 말하면 지금 바라문의 삶을 상대적으로 비판하는 함의를 지니고 있습니다.

경전에 등장하는 부유하고 연로한 바라문들은 부처님을 '고따마'라고 부릅니다. 부처님을 '세존'이라든가 '붓다(깨달은 이)'라고 부르지 않고 성을 그대로 부르고 있는 것입니다. 부처님이 세상에 나와 법을 펴기 시작한 지 얼마 되지 않은 때라 이렇게 부르는 것이 아닌가 합니다.

상좌부의 주석에 따르면, 승단(상가)이 일정한 규모로 형성된 기간을 부처님이 깨달음을 얻어 사람들에게 설법한 지 약 20여 년 뒤인 55세 전후로 보고 있습니다. 따라서 이 경전이 설해진 시기는 승단(상가)이 형성되기 전, 즉 부처님이 40대나 늦어도 50대 초반 정도의 나이로 짐작됩니다. 숫타니파타에는 불법승에 귀의하는 삼귀의三歸依 대신, 부처님과 부처님의 가르침(법) 두 가지에만 귀의하는 이귀의二歸依가 자주 나타나는 까닭도 여기에 있습니다. 40대 정도의 나이는 한 종교의 수장으로서는 젊다고 할 수 있습니다. 당시 종파의 스승들이 대부분은 나이가 많았습니다. 「바라문의 삶에 대한 경」(전재성 역)은 다음과 같이 시작합니다.

이와 같이 나는 들었다. 한때 세존께서 싸밧티(사위성) 시의 제따 숲에 있는 아나타삔디까 승원(기수급고독원)에 계셨다. 마침 그때 많은 늙고 연로하고 나이가 들고 만년에 이르러 노령에 달한, 꼬살라 국의 큰 부호들인 바라문들이 세존께서 계신 곳을 찾았다. 그들은 가까이 다가와서 세존께 인사를 드리고 서로 안부를 주고받은 뒤에 한 쪽으로 물러나 앉았다. 한 쪽으로 물러나 앉아 그들 큰 부호들인 바라문들은 세존께 여쭈었다.

〔바라문들〕 "고따마시여, 대체 현재의 바라문들은 옛날 바라문들이 행하던 바라문의 삶을 따라 살고 있다고 봅니까?"
〔세존〕 "바라문이여, 지금의 바라문들은 예전 바라문들이 행하던 바라문의 삶을 따라 살고 있다고 보지 않습니다."
〔바라문들〕 "그러면, 고따마시여, 방해가 되지 않는다면, 옛날 바라문들이 행하던 바라문의 삶에 대하여 우리에게 말씀해주십시오."
〔세존〕 "그러면 바라문들이여, 잘 듣고 새기십시오. 내가 말하겠습니다."
〔바라문들〕 "세존이시여, 그렇게 하겠습니다."
그들 바라문들은 세존께 대답했다.

나이가 많고 재산이 많은 바라문이라면 당연히 당시로서는 세력이 있는 원로 바라문들입니다. 그들은 젊은 수행자(부처님)를 찾아와, 지금의 바라문들은 옛 바라문들이 살았던 방식으로 사는지 물었습니다. 젊은 수행자는 '그렇지 않다'고 대답합니다.

부처님의 답변은 수천 년 내려오는 베다의 전통을 자랑하는 바라문들에게는 매우 모욕적인 말로 들릴 수도 있습니다. 이처럼 「바라문의 삶에 대한 경」은 벽두에서부터 생생한 긴장감을 불러일으킵니다. 바라문들은 부처님에게 옛날 바라문들의 삶에 대해 말해 달라고 요청합니다.

그러자 세존께서는 이와 같이 말씀하셨다.
〔세존〕 "옛날에 살던 선인들은 자신을 다스리는 고행자였습니다. 그들은 감각적 쾌락의 대상들을 버리고, 자기의 참된 이익을 위해 유행하였습니다. 그들 바라문들은 가축도 갖지 않고, 황금도 곡식도 갖지 않고, 그러나 베다의 독송을 재보와 곡식으로 삼아, 하느님의 보물을 지켰던 것입니다. 갖가지 채색으로 물들인 의복과 잘 만들어진 침상과 주거를 갖춘 풍요로운 지방과 왕국의 사람들은 모두들 바라문에게 경의를 표했습니다. 바라문들은 처형을 면하고 재산의 압류를 면하였으며, 정의의 보호를 받았습니다. 또한 그들이 집집마다 방문하더라도, 아무도 그들을 결코 방해하지 않았습니다. 그 옛날의 바라문들은 사십팔 년 동안이나 동정을 지키며 청정한 삶을 살았고, 명지와 덕행을 구했습니다. 그 후에 바라문들은 다른 계층으로 가서 아내를 구하지 않았고, 아내를 사지도 않았습니다. 그들은 오로지 서로 사랑하면서 함께 살고 화목하

여 즐거워했습니다. 월경 기간이 끝난 후에, 바른 시기를 제쳐두고, 그 사이에 바라문들은 결코 성적 교섭을 갖지 않았습니다. 청정한 삶과 계행을 지키는 것, 정직하고 친절하고, 절제하고, 온화하고 남을 해치지 않는 것, 그리고 또한 인내하는 것을 칭찬했습니다. 그들 중에서 으뜸가는 용맹스런 바라문들은 성적 교섭에 빠지는 일을 꿈속에서조차 하지 않았습니다. 그 행동을 본받아, 이 세상에 일부 양식 있는 사람들은 청정한 삶을 사는 것과 계행을 지키는 것과 인내하는 것을 찬탄했습니다."

부처님의 설명과 같이, 옛 바라문들은 가축도 갖지 않고, 황금도 곡식도 갖지 않고, 그러나 베다의 독송을 재보와 곡식으로 삼았습니다. 그들은 걸식을 했으며, 사람들은 음식을 조리해 존경과 믿음의 표시로 문 앞에 놓아두었습니다. 남을 해치지 않으며 절제와 인내의 미덕을 지켰습니다. 국왕들은 바라문들을 존경했으며, 법으로 보호했습니다. 바라문들은 일반 백성과 달리 형벌과 고문에서 면제되었습니다. 부처님의 설명은 계속됩니다.

"그들은 쌀과 침구와 의복과 버터와 기름을 정의롭게 모아 그것으로 제사를 지냈고, 제사를 지낼 때에 결코 소를 잡지 않았습니다. 어머니와 아버지와 형제 또는 다른 친척들과 마찬

가지로 소들은 우리들의 최상의 벗입니다. 그리고 소들한테서는 약들이 생깁니다. 소들은 음식을 제공하고, 근력을 제공하고, 훌륭한 용모를 제공하고, 또 좋은 건강을 제공합니다. 소에게 이러한 이익이 있음을 알아, 그들은 소를 죽이지 않았던 것입니다. 바라문들은 손발이 부드럽고 몸이 크며 용모가 단정하고 명성이 있으며, 몸소 실천하며 할 일은 하고, 해서는 안 될 일은 하지 않으려고 노력하였습니다. 그들이 세상에 있는 동안에 이 세상 사람들은 안락하고 번영했습니다."

부처님은 옛 바라문들은 제사를 지낼 때 소를 잡지 않았다고 강조합니다. 제사를 지낼 때 소를 잡는 일이 부처님 당시 매우 중요한 종교적 논쟁의 대상이었던 것을 시사하고 있습니다. 제사는 당시 바라문들의 가장 중요한 종교행위였습니다. 옛 바라문들은 사람들이 준 쌀과 침구와 의복과 버터와 기름 정도의 물품으로 소박하게 제사를 지냈지만, 당시 바라문들은 호화롭고 거대한 제사를 지내고 있습니다. 제사가 이처럼 규모가 커진 이유에 대한 부처님의 통찰은 참으로 놀랍습니다.

"그런데 하잘것없는 것 속에서 하잘것없는 것, 왕자의 영화로운 삶과 화려하게 단장한 부인들을 보고 나서, 그들에게 전도된 견해가 생겨났습니다. 잘 만들어지고 아름답게 수놓아진 준마가 이끄는 수레, 여러 방으로 나눠지고 잘 배치된 주택과 거처를 보고 나서입니다. 소들의 무리에 둘러싸이고 아름다운 미녀들이 뒤따르는 인간의 막대한 부를 누리고 싶은 열망에 바라문들은 사로잡히고 말았습니다. 그래서 그들은 베다의 진언들을 편찬하고, 저 옥까까 왕에게 가서 말했습니다.
〔바라문들〕'당신은 재산도 곡식도 풍성합니다. 제사를 지내십시오, 당신은 재보가 많습니다. 제사를 지내십시오, 당신은 재물이 많습니다.'
그래서 수레 위의 정복자인 왕은 바라문들의 권유로 말의 희생제, 인간의 희생제, 핀을 던지는 제사, 쏘마를 마시는 제사, 아무에게나 공양하는 제사, 이러한 제사를 지내고 바라문들에게 재물을 주었습니다. 소들과 침구와 의복, 잘 치장한 여인들, 잘 만들어지고 아름답게 수놓아진 준마가 이끄는 수레, 여러 방으로 나뉘어 있고 잘 배치된, 즐길 수 있는 주택을 여러 가지 식량을 가득 채워 바라문들에게 재물로 주었습니다."

옛 바라문들은 세력이 크고 호화로운 삶을 보자 욕심이 일어났습니다. 점점 왕들이 누리는 영화와 옷차림이 화려한 부인들, 준마가 끄는 아름다운 마차, 잘 지어진 거처와 집들, 그리고 많은 무리의 소, 여러 미녀들에게 둘러싸인 인간의 부유함을 본 바라문들은 이것들을 탐내기 시작했습니다. 바라문들이 부를 얻기 위해 선택한 수단은 곧 규모가 큰 제사였습니다. 제사를 지내면 많은 재물을 보시로 요구할 수 있기 때문입니다. 그래서 그들은 거대한 제사의 형식과 이에 걸맞은 주문을 만들어 냈습니다. 바라문들은 옥까까 왕(감자왕; 전설 속에 나오는 고대의 왕)을 찾아가 말을 위한 제사, 인간을 위한 제사, 물의 축제, 소마에 대한 제사 등 갖가지 제사를 지내라고 부추겼습니다. 이 모든 제사의 명분은 왕의 순조로운 통치와 전쟁의 승리를 보장하고 있습니다. 제사를 지내준 대가로 바라문들은 왕에게서 소, 침구, 의복, 잘 차려입은 여인들과 호화로운 장식을 한 수레, 그리고 갖가지 곡식을 가득 채운 화려한 저택을 받았습니다. 실상 왕들이 이렇게 엄청난 재물을 보시할 수 있는 것은 전쟁을 통해 약탈한 전리품이 컸기 때문입니다. 이들 재물들을 보면, 당시 전쟁의 규모가 얼마나 컸는지 반증하고 있습니다.

바라문들이 제사를 크게 지내게 된 것은 하늘의 명령도 아니요, 신비한 초자연적 기적이 있어서도 아니요, 오직 호화로운 재물과 잘 치장한 여인들을 소유하고 싶은 욕망에서 비롯되었다고 부처님은 주장합니다. 부처님의 표현을 빌면, 전도轉倒된 견해, 즉 헛된 망상입니다. 제사와 주문으로 종교적 권위를 행사하는 원로 바라문들의 입장에서는 부처님의 주장은 바라문의 종교적 권위를 뿌리부터 흔드는 비판이 아닐 수 없습니다. 만약 오늘 우리 사회에서 누가 제사와 주문에 대해 이렇게 말한다면, 명예훼손이나 모욕죄로 고발당할 각오를 해야 합니다.

"소들과 침구와 의복, 잘 치장한 여인들, 잘 만들어지고 아름답게 수놓아진 준마가 이끄는 수레, 여러 방으로 나뉘어 있고 잘 배치된, 즐길 수 있는 주택을 여러 가지 식량을 가득 채워 바라문들에게 재물로 주었습니다. 이렇게 그들은 재물을 얻어 축적하는 데 재미를 붙이게 되었고, 욕망에 깊이 빠져들자 그들의 갈애는 더욱더 늘어만 갔습니다. 그래서 베다의 진언을 편찬하여 다시 옥까까 왕을 찾아갔습니다.
〔바라문들〕'물과 토지와 황금과 재물과 곡식이 살아 있는 자들의 필수품인 것과 같이 소도 사람들의 필수품입니다. 제사를 지내십시오, 당신은 재물이 많습니다. 제사를 지내십시오, 당신은 재보가 많습니다.'
그래서 수레 위의 정복자인 왕은 바라문들의 권유로 수백 수천 마리의 소를 제물로 잡게 되었습니다. 두 발이나 양 뿔, 어떤 것으로든지 해를 끼치지 않는 소들은 양처럼 유순하고, 항아리가 넘치도록 젖을 짤 수 있었는데 왕은 뿔을 잡고 칼로 소를 죽이게 했던 것입니다. 칼로 소들이 베어지자 신들과 조상의 신령과 제석천, 아수라, 나찰들은 '불법적인 일이다.'고 소리쳤습니다."

제사와 주문으로 많은 재물을 얻은 바라문들은 이렇게 얻은 부귀를 축적하고 싶은 마음이 일어났습니다. 축적은 곧 미래(시간)에 대한 집착입니다. 부처님은 소유의 욕망에서 축적하고 싶은 욕망으로 나아가는 바라문들의 변화를 통찰했습니다. 부처님의 깊은 통찰을 엿볼 수 있는 대목입니다.

인간과 달리, 짐승은 미래에 대한 집착이 없습니다. 미래에 대한 시간의식이 부족한 까닭이지만, 설령 미래를 준비하더라도 자기의 생존에 꼭 필요한 것 이상으로 저장하는 법이 없습니다. 그러나 미래에 대한 인간의 집착은 한계가 없습니다. 부처님은 끝 모르는 바라문들의 집착 때문에 세상이 혼란해지는 현실을 보았습니다.

"예전에는 탐욕과 굶주림과 늙음의 세 가지 병밖에는 없었소. 그런데 많은 가축들을 살해한 까닭에 아흔여덟 가지나 되는 병이 생긴 것입니다. 이와 같이 불의의 폭력으로 아무런 해도 끼치지 않은 것을 죽인다는 것은 그 옛날부터 있었던 것입니다. 제사 지내는 자들(바라문들)은 정의를 파괴하였던 것입니다. 이와 같이 옛날부터 내려온 풍습은 지혜로운 님의 비난을 받아 왔습니다. 사람들은 이러한 일을 볼 때마다 제사지내는 자를 비난하게 되었습니다. 이렇게 해서 법이 무너질 때, 노예와 평민이 나누어지고 여러 갈래로 왕족들이 분열하고, 아내는 지아비를 경멸하게 되었습니다. 왕족들이나 하느님의 친족들 또는 종족에 의해 수호되고 있던 다른 자들도 태생에 대한 윤리를 버리고 감각적 쾌락의 욕망에 사로잡히고 만 것입니다."

재물을 축적하고자 하는 미래에 대한 집착이 결국 제사의 규모를 키우고, 인간에게 유익한 소를 잡게 된 것입니다. 과거의 제사는 전쟁이나 특별한 날에 지냈지만, 이제 바라문들은 평상시에도 제사를 크게 지낼 명분을 세웠습니다. 수백 수천 마리의 소를 죽이게 되자 피해를 입는 계층은 소를 통해 우유나 연료를 얻거나 농사일을 하는 대다수 평민이나 농부들이었습니다. 소를 죽이게 되자, 생명을 가볍게 여기고, 인간끼리 서로 반목하고, 아내는 지아비를 멸시하며, 계층이 무너지는 정치적·사회적 혼란이 일어났습니다.

부처님은 바라문들의 역사를 깊이 이해하고 있었으며, 제사와 주문의 종교적 행위에 감추어진 위선에 대해서도 깊이 통찰하고 있었습니다. 이와 같은 학식과 통찰은 히말라야 설산에서 고행을 한다고 얻어지는 것이 아니며, 고도의 명상에 들었다고 알 수 있는 것도 아닙니다. 그러므로 부처님의 역사인식은 부처님이 29살까지 왕궁에 있으면서 왕자로서 배운 학식과 정치적 경험이 밑바탕이 되었다고 하지 않을 수 없습니다. 물론 이 경전에 나오는 부처님의 비판은 출가 전에 습득한 학식과 경험에다 출가 후에 얻은 깨달음이 서로 합해져 성숙해진 것이라고 볼 수 있습니다.

부처님에게서 바라문 자신들의 역사와 삶에 대한 말을 경청한 바라문들은 부처님을 칭송했습니다. 바라문의 삶을 가차없이 비판하는 젊은 수행자를 찾은 이들 원로 바라문들은, 비록 소수이겠지만, 열린 지성을 갖춘 성직자들입니다.

〔바라문들〕"존자 고따마여, 훌륭하십니다. 존자 고따마시여, 훌륭하십니다. 존자 고따마시여, 마치 넘어진 것을 일으켜 세우듯이, 가려진 것을 열어보이듯이, 어리석은 자에게 길을 가리켜주듯이, 눈을 갖춘 자는 형상을 보라고 어둠 속에 등불을 가져오듯이, 존자 고따마께서는 이와 같이 여러 가지 방법으로 진리를 밝혀주셨습니다. 그러므로 이제 세존이신 고따마께 귀의합니다. 또한 그 가르침에 귀의합니다. 또한 그 수행승의 모임에 귀의합니다. 존자 고따마께서는 재가신자로서 저를 받아주십시오. 오늘부터 목숨 바쳐 귀의하겠습니다."

「바라문의 삶에 대한 경」을 읽으면, 부처님의 가르침에서 나타나는 괴로움은 단순히 개인의 심리적인 고통이 아니라, 현실에서 경험하는 인간의 보편적인 괴로움을 가리키는 것을 알 수 있습니다. 바라문들의 위선과 집착을 통찰한 부처님의 역사의식 속에서 부처님의 고유한 통찰, 즉 연기법을 발견할 수 있습니다. 지금까지 바라문들이 욕망을 일으켜 나가는 과정을 연기법으로 정리하면 다음과 같습니다.

바라문들은 눈, 귀, 코, 혀, 몸과 생각을 통해 왕들이 누리는 호화로운 생활을 보았습니다. 여섯 가지 감각기관(六入)이 아름다운 형태, 소리, 향기, 맛, 감촉과 생각의 대상(六境)과 서로 만나 통해 접촉(觸)이 일어나고, 접촉에서 즐겁고 괴로운 느낌(受)이 일어납니다. 즐거운 느낌에서 애착(愛)이 일어나고, 애착에서 장차 소유하겠다는 욕망, 즉 취(取)가 일어납니다. 집착은 대상(有)에 대한 기억을 일으킵니다. 기억은 과거에 대한 후회이며, 미래에 대한 집착입니다. 그러므로 유有에서 시간(과거 현재 미래)이 나옵니다. 금, 은, 주택, 여자, 음식, 말, 소, 양 등의 온갖 재물 등 소유가 생겨나면(生), '나의 것'이 늙고 병들고 죽음에 따라(老病死), 우울, 슬픔, 고통, 비탄(憂悲苦惱)이 일어납니다. 고통에 대한 부처님의 법문은 특히 다음「성찰의 경」(전재성 역)에서 더욱 분명합니다.

수행승들이여, 어떤 수행자나 성직자들이라도 세상에서 사랑스럽고 즐거운 것을 '영원하다'고 보고, '행복하다'고 보고, '자기'라고 보고, '건강하다'고 보고, '안온하다'고 보았다면, 그들은 갈애를 키운 것이다. 갈애(愛)를 키운 사람은 취착(取)을 키운 것이다. 취착을 키운 사람은 괴로움(苦)을 키운 것이다. 괴로움을 키운 사람은 태어남(생)과 늙고 죽음(老病死)·우울·슬픔·고통·불쾌·절망(憂悲苦惱)으로부터 해탈하지 못한 것이다. 그들은 괴로움에서 해탈하지 못했다고 나는 말한다.

연기법은 12연기법이 일반적인 교리이지만, 여기서는 육입, 촉, 수, 애, 취, 유, 생, 노병사 우비고뇌 등 8연기의 형식을 보여주고 있습니다. 초기경전에는 6연기, 8연기 또는 13연기 등 주제에 따라 다양하게 연기법적인 관찰이 나타납니다. 연기법을 이해한 사람은 '내 것'에 대한 집착을 버립니다. 나아가 연기법의 핵심인 무아無我의 진리를 깨달아 생로병사에서 벗어납니다.

「바라문의 삶에 대한 경」은 학식 있고 부유한 원로 바라문에게 바라문의 삶과 역사에 대해, 그리고 그들의 위선에 대해 두려움 없이 자신의 주장을 펼치는 부처님을 보여줍니다. 특히 제사와 주문에 대한 부처님의 비판과 통찰은 지금도 여전히 유효한, 이 시대의 혼란을 일깨우는 가르침입니다.

'멀리 여읨'의 맛

고 박경리 선생(1926-2008)은 대하장편소설 『토지』로 우리에게 널리 알려진 작가입니다. 다음은 선생이 만년에 지은 시 「옛날의 그 집」 중 일부입니다.

그 세월, 옛날의 그 집
그랬지 그랬었지
대문 밖에서는
늘
짐승들이 으르렁거렸다
늑대도 있었고 여우도 있었고
까치독사 하이에나도 있었지

모진 세월 가고

아아, 편안하다 늙어서 이리 편안한 것을
버리고 갈 것만 남아서 참 홀가분하다

처음 이 시를 읽다가 "대문 밖에서는 늘 짐승들이 으르렁거렸다."는 대목에 이르러서는 한동안 눈을 떼지 못했습니다. 우리 역시 살면서 늑대, 여우, 독사를 만난 상처를 안고 있기 때문입니다. 황혼기에 인생을 바라보는 노작가의 시는 누구도 부인할 수 없는 우리 삶의 진실을 말하고 있습니다. 부처님의 가르침대로, 우리는 모두 무명無明에 덮여 있고, 탐욕과 분노에 묶여 있습니다. 그래서 작가의 마지막 구절 – 아아, 편안하다. 늙어서 이리 편안한 것을. 버리고 갈 것만 남아서 참 홀가분하다. – 에 이르러서는 공감과 여운이 오래 남습니다. '버리고 간다.'는 말 속에서 이제 세상의 시비와 집착을 멀리 떠난 노작가의 심정을 절절하게 느낄 수 있습니다.

'멀리 떠나다, 또는 멀리 여의다'는 말은 부처님이 자주 쓰신 말씀입니다. 부처님은 폭력과 분노, 탐욕 등에서 멀리 떠나라고 했으니, 초기경전을 보면 주로 멀리 여의야 할 대상은 폭력과 탐욕과 분노입니다. 숫타니파타 제4품 중 「폭력을 휘두르는 자의 경」(전재성 역)은 부처님이 출가하기 전 폭력을 경험한 이야기를 전하고 있습니다.

폭력을 휘두르는 자로부터 공포가 생깁니다. 싸움하는 사람들을 보십시오. 내가 어떻게 두려워했는지 그 두려움에 대해 설명하겠습니다. 잦아드는 물에 있는 물고기처럼 전율하고 있는 사람들을 보십시오. 서로 반목하는 사람들을 보고, 나에게 두려움이 생겨났습니다. 이 세상 어디나 견고한 것은 없습니다. 어느 방향이든 흔들리고 있습니다. 내가 있을 곳을 찾았지만, (두려움에) 점령되지 않는 곳을 보지 못했습니다. 그들이 끝까지 반목하는 것을 보고 나에게 혐오가 생겨났습니다. 그리고 나는 보기 어려운 것을 보았습니다. 그들의 심장에 박힌 화살을 보았습니다.

위 경전에 나오는 "그들이 끝까지 반목하는 것을 보고 나에게 혐오가 생겼다."는 구절은 물론 부처님이 출가하기 전 왕자로 있었을 때의 일입니다. 당시 끝까지 반목하며 폭력을 휘둘렀던 '그들'이 역사적으로 누구였는지는, 제가 견문이 부족한 탓이겠지만, 아직 알지 못합니다. 왕궁 안에서의 권력투쟁을 상상할 수도 있고, 부처님의 전기를 쓴 암베드 까르가 주장한 것처럼, 이웃 나라와 물 때문에 싸움이 일어났을 때 평화를 주장한 고따마 왕자가 처한 상황일 수도 있습니다.

폭력이 가져오는 두려움을 스스로 경험한 왕자는 우리의 삶이 고통에 묶여 있지 않은 곳이 없다는 인식에 이르게 됩니다.

고따마 왕자는 마침내 탐욕과 폭력이 횡행하는 현실에 회의와 혐오를 느끼고 집을 떠났습니다. 전사계급(크샤뜨리아)의 한 사람으로서, 그리고 왕자로서 누릴 부귀와 권력을 포기한 것입니다. 초기경전에는 교만과 폭력에 대한 부처님의 법문을 자주 만날 수 있습니다.

"열반을 구하는 자는 거짓말을 하지 말고, 물질에 애착을 갖지 말고, 교만을 두루 알아서, 폭력을 삼가며 유행해야 합니다." (「폭력을 휘두르는 자의 경」)

출가의 의미를 부처님은 "멀리 여읨"으로 표현했습니다. 멀리 여읨은 염리(厭離; 싫어하여 떠남), 또는 원리(遠離; 멀리 떠남)라고도 합니다. "멀리 여읨"은 단순히 공간적으로 멀리 떠나는 것을 의미하는 것이 아니라 탐욕과 분노, 오만 등을 멀리 여의는 정신적인 떠남을 의미합니다.

"참으로 사람의 목숨은 짧으니, 백 살도 못 되어 죽습니다. 아무리 더 산다 해도 결국은 늙어 죽는 것입니다. 이것이 '내 것'이라고 생각하지만, 죽음으로 그것을 잃게 됩니다. 현명한 님은 이와 같이 알고 '내 것'이라는 것에 경도되지 말아야 합니다. '내 것'이라는 것에 탐욕을 부리면, 걱정과 슬픔과 인색함을 버리지 못합니다. 홀로 명상하며 유행하는 수행승이라면, 정신적으로 '멀리 여읨'을 좋아하고, 자신을 존재의 영역(거처)에 드러내지 않는 것이 그에게 어울리는 일입니다. '멀리 여읨'을 배우시오. 이것은 고귀한 님들에게 최상의 일입니다."(「늙음의 경」, 「띳싸 멧떼이야의 경」 일부)

부처님의 '멀리 여읨'은 부처님뿐만 아니라 삶의 고통에 진지한 사람에게서 자주 볼 수 있습니다. 비트겐슈타인(Ludwig Wittgenstein, 1889~1951)은 러셀 이후 가장 뛰어난 논리학과 언어철학자 중 한 사람입니다. 아버지는 사람들이 유럽의 철강왕이라고 부를 정도로 막대한 부를 소유했습니다. 빈에 있던 대저택에는 브람스나 말러, 파블로 카잘스, 부르노 발터 등이 찾아와 공연했으며, 저택 곳곳에는 당대 화가들의 작품이나 로댕의 조각이 널려 있었습니다. 그러나 비트겐슈다인은 나이 30세에 유산을 포기했습니다. 그는 릴케와 같은 가난한 예술가와 주위 인척에게 유산을 모두 나누어주고, 자신은 평생 검소하게 살았습니다. 30세 초반에는 교사와 정원사로 평범한 삶을 선택했으며, 그 후 캠브리지 대학의 교수로 자신이 좋아하는 철학을 탐구하며 살았습니다. 위키백과(Wikipedia)에는 많은 사람들이 비트겐슈타인을 20세기의 가장 위대한 철학자로 손꼽는다고 서술하고 있습니다.

존 라빈스(John Robbin, 1947~2008)는 세계적인 아이스크림 제조업체 베스킨라빈스 사장의 아들입니다. 그는 자신의 신념에 따라 아버지 어브 라빈스의 유산을 거부했습니다. 연간 12조원에 달하는 수익을 내는 회사의 상속권을 거부한 것입니다. 그는 아버지와 달리 아이스크림을 해로운 음식으로 규정하고, 식생활과 환경, 건강의 연관성에 관한 세계적인 전문가로 활약하며 각종 유제품에 감춰진 진실을 세상에 알리고 있습니다. 유산을 포기한 대가로 그는 평생 자신의 뜻대로 사는 자유를 얻었습니다. 그가 쓴 『음식혁명』은 우리나라에도 소개된 바 있습니다.

부처님은 죄수처럼 머리를 빡빡 깎고, 옷 한 벌 밥 그릇 하나로 집 없이 다니며, 평생 얻어먹으며 살았습니다. 자기의 모든 것을 내려놓았지만, 진리를 깨달아 고요함(적멸)을 얻었습니다. 불교에서 말하는 진정한 '멀리 여읨'은 곧 '내 것에 대한 집착'에서 멀리 떠나는 것입니다.

"명색(정신과 신체)에 대해서 '내 것'이라는 것이 전혀 없고, 없다고 해서 슬퍼하지 않는다면, 그는 참으로 세상에서 잃을 것이 없습니다. '이것은 내 것이다' 또는 '이것은 어떤 다른 자의 것이다' 하는 생각이 없다면, '내 것이라는 것'이 없으므로 그는 '나에게 없다'고 해서 슬퍼하지 않습니다."

(「폭력을 휘두르는 자의 경」)

무아無我의 진리를 알면 몸과 마음에서 멀리 떨어지게 됩니다. '멀리 여읨'은 진지하게 무아의 진리를 사색하면 누구에게나 일어날 수 있습니다. 주위 가까운 사람이 죽었을 때, 문상을 하고 오는 길에 문득 악착을 떨며 사는 자신을 돌아보는 것도 '멀리 여읨'이 일어난 것입니다. 이렇게 '멀리 여읨'이 일어나면 마침내 삶과 죽음을 초연하게 바라보게 됩니다. 몸과 마음이 '나'라든가 '나의 것'이라는 생각이 없기 때문입니다. 슬픔에서 벗어나는 수행의 핵심이 여기에 있다고 하겠습니다.

 사족

'멀리 여읨'을 강조한 부처님의 법문은 경전 곳곳에서 만날 수 있습니다. 그 중 대표적인 구절 중의 하나로 『법구경』의 "멀리 여읨의 맛을 보고, 고요함의 맛을 보고, 진리의 기쁨의 맛을 본 사람은 고뇌를 떠나고 악을 떠난다"는 구절을 들 수 있습니다(205, 206번 게송). 대승불교의 『반야심경』에서도 '원리'의 뜻을 이어받았으니, "뒤바뀐 생각을 멀리 여의고 궁극의 열반을 얻는다(遠離顚倒夢想 究竟涅槃)"는 구절에 이 뜻이 잘 나타나 있습니다.

늘 내 곁에 있는 스승

"멀리 여읨이 행복이고, 생명에 대한 자제, 세상에서 폭력의 여읨이 행복이다."

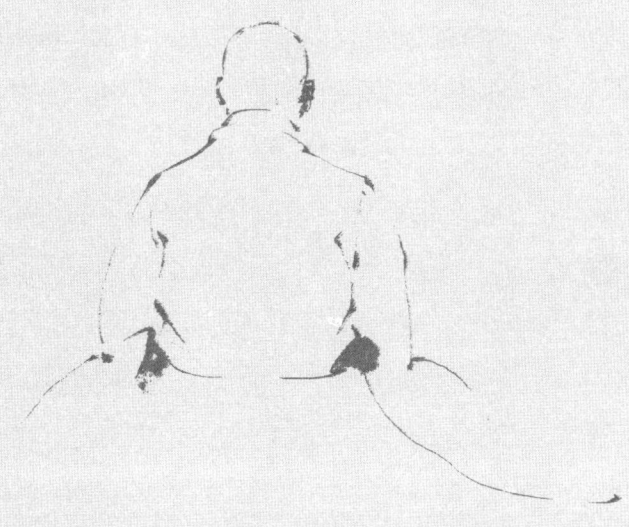

붓다의 내면

「관찰의 경」은 비록 짧지만, 수행자에게 속 깊은 위로를 주는 경전입니다. 「관찰의 경」을 읽을수록 어떻게 이런 경이 후대에 전해질 수 있는지 경이감마저 느낍니다. 다음은 「관찰의 경」 전문입니다.

"이와 같이 나는 들었다. 한때 세존께서 싸밧티 시의 제따 숲에 있는 아나타삔디까 승원에 계셨다. 그때 마침 세존께서는 자신에게 무수한 악하고 불건전한 원리(품성)들이 버려지고, 무수한 착하고 건전한 원리(품성)들이 닦여져 원만하게 되는 것을 관찰하고 계셨다. 그리고 세존께서는 그 뜻을 파악하시고 때맞춰 이와 같은 감흥어린 시구를 읊었다."

"앞서 있었지만 있지 않게 되고

앞서 있지 않았지만 있게 된다.
있지 않았고 있지 않을 것이면,
그것은 지금 또한 존재하지 않는다."
(「관찰의 경」, 우다나 6-3, 전재성 역)

붓다(부처님)는 마음속에 있던 악한 성품이 점차 사라지고, 선한 성품이 점차 성숙해지는 자신의 내면을 있는 그대로 보여주고 있습니다. 부처님이 당신의 내면을 제자들에게 진솔하게 말해주는 광경을 상상해볼수록 가슴이 뜨거워집니다. 탐욕과 분노, 인색 등 악한 성품이 줄어들고, 사랑과 연민, 보시 등 선한 성품이 늘어나도록 하는 것이 진정한 의미의 정진입니다. 부처님은 8정도 중 '올바른 정진'을 이렇게 설명했습니다.

"수행승들이여, 올바른 정진이란 무엇인가?
수행승들이여, 세상에 수행승이
(1) 아직 생겨나지 않은 악하고 불건전한 것들은 생겨나지 않도록, 의욕을 일으켜 정진하고 정근하고 마음을 책려하고 노력하고,
(2) 이미 생겨난 악하고 불건전한 것들은 버리도록, 의욕을 일으켜 정진하고 정근하고 마음을 책려하고 노력하고,
(3) 아직 일어나지 않은 건전한 상태를 일으키도록, 의욕을

일으켜 정진하고 정근하고 마음을 책려하고 노력하고,
(4) 이미 생겨난 건전한 상태를 유지하여 잊어버리지 않고 증가시키고 확대시키고 계발시키고 충만하도록, 의욕을 일으켜 정진하고 정근하고 마음을 책려하고 노력한다면,
수행승들이여, 이것을 올바른 정진이라고 한다."
(「분별의 경」, 쌍윳따니까야, 전재성 역)

오늘 우리 주위의 현실을 보면, 다른 종파나 문중에 비해 자기의 스승이 우월한 것을 자랑하는 일을 자주 볼 수 있습니다. 이런 일은 신도나 추종자를 모을 수는 있어도 결국 스승의 참다운 모습을 왜곡하는 결과를 낳습니다. 스승에 대한 맹목적인 존경은 때로는 제자들 사이에서 충성이나 경쟁의 수단이 되기도 합니다. 그러다 나중에는 권력다툼으로 전락하기도 합니다. 그 어떤 경우도 스승의 실상과는 무관합니다. 어떤 스승은 스스로 자신의 수행을 극적으로 꾸미기도 합니다. 그러나 허구나 위선은 결국 그 실상이 드러나기 마련입니다.

「관찰의 경」에는 부처님의 진솔한 내면세계가 그려져 있습니다. 거기에는 권위적인 모습이나 초월적인 어떤 신화도 없습니다. 붓다를 따르는 제자나 후세의 수행자에게 이만큼 깊은 위로와 용기를 주는 경전이 또 어디에 있을까요?

많은 사람들이 부처님의 가르침에서 공감과 행복을 얻었던 것은 누구나 알 수 있는 투명한 진리이기 때문입니다. 삶의 고통과 그 원인, 그리고 고통에서 벗어나는 진리(사성제와 팔정도)를 들은 제자들은 부처님의 가르침을 '누구나 당장에 알 수 있으며, 현명한 사람은 스스로도 알 수 있다'고 칭송했습니다. 미래를 잘 맞추거나 신통력 있는 스승을 구하는 등의 행위 속에 탐욕과 위선을 본 사람만이 부처님의 가르침을 가슴 깊이 받아들일 수 있습니다.

살아 있는 선禪

동창이나 친목 모임에서 서로 말을 피하는 주제는 대개 정치와 종교입니다. 서로 얼굴을 붉히고 마침내 화를 내고 싸우는 불상사는 주로 이 두 가지 일에서 일어납니다. 무릇 종교와 정치는 세상이 더 평화롭고 사람이 잘 살자고 만든 것인데 싸움으로 끝을 맺으니, 결국 인간이 문제입니다. 분노는 우리 마음속에 깊이 뿌리를 내리고 있습니다. 부처님은 다른 어떤 성현보다 분노에 대해 많은 법문을 했습니다. 분노와 슬픔 등 우리 심성에 대한 깊은 이해가 없이는 자유와 해탈을 말할 수 없습니다.

바라문 아쑤린다까 바라드와자는 경전에 이름이 남겨져 있는 것으로 보아 권위가 높은 제사장입니다. 부처님이 활동하던 당시 바라문은 제사를 주관하고, 그 대가로 재물과 토지를 받아 재산을 축적한 종교계급이었습니다. 제사의 형식이나 제사에 필요한 주문 등은 모두 베다에 기록되어 있습니다. 수천 년 내려오는 베다의 방대한 경전은 바라문교의 전통이자 권위입니다. 제사나 주문을 거부하고 탐욕과 분노에서 스스로 해탈하는 내적 성찰의 길을 가르친 부처님은 필연적으로 바라문교의 사제들과 부딪쳤습니다.

어느 날, 바라문 아쑤린다까는 자기 주위의 한 바라문이 부처님에게 귀의했다는 사실을 알았습니다. 분노한 바라문 아쑤린다까는 부처님을 찾아가 욕설을 퍼붓고 모욕을 주었습니다. 당시 부처님은 여러 신흥 종교의 지도자 가운데 한 사람일 정도로 아직 미미한 존재였던 것을 감안하면, 권위에 상처를 입었다고 생각한 바라문 제사장의 분노는 당연한 일인지도 모릅니다. 부처님은 화를 내는 아쑤린다까에게 다음과 같이 시를 읊었습니다.

"말로 거칠게 꾸짖으면서 어리석은 자는 이겼다고 생각하지만,
인내가 무엇인가 안다면 승리는 바로 그의 것이다.
분노하는 자에게 다시 분노하는 것은 더욱 악한 자가 될 뿐,
분노하는 자에게 더 이상 화내지 않는 것은,
이기기 어려운 싸움에 승리하는 것이네.

다른 사람이 분노하는 것을 알고,
새김을 확립하고 마음을 고요히 하는 자는,
자신만이 아니라 남을 위하고 그 둘 다를 위하는 것이라네.
자기 자신과 다른 사람 모두를 치료하는 사람을
가르침을 모르는 사람들은 어리석은 사람이라고 생각하네."
(「아쑤린다까의 경」, 쌍윳따니까야, 전재성 역)

부처님의 목소리는 담담합니다. 큰 소리로 거칠게 떠드는 자는 자기가 이겼다고 생각할지 모르지만, 부처님은 인내하며 침묵을 지켰습니다. 분노를 참아내는 것은 우리 같은 범부의 입장에서 보면 결코 쉬운 일이 아니지요. 놀라운 것은, 부처님이 침묵을 치료로 보고 있다는 사실입니다. 즉, 새김(성찰)을 확립하고 마음을 고요히 하는 것은 자신의 분노를 치료할 뿐만 아니라, 화를 내는 상대방도 치료하기 위해서입니다. 특히 부처님의 시 가운데 다음 구절은 우리의 눈을 번쩍 뜨게 합니다.

"자기 자신과 다른 사람 모두를 치료하는 사람을
가르침을 모르는 사람들은 어리석은 사람이라고 생각하네."

부처님은 세상 사람들이 침묵하고 있는 자신을 어리석은 사람이라고 조롱하고 있는 현실에 대해서도 분명하게 인식하고 있었습니다. 그러므로 부처님의 인내와 침묵은 도덕적 당위나 자기도취에서가 아니라, 분노가 자신과 타인과의 관계에 어떤 결과를 초래하는지 통찰해서 취한 자비의 결단입니다. 남이 어리석다고 비웃어도 흔들리지 않았습니다. 욕설을 퍼붓고 모욕을 주어도 도리어 고요하게 침묵하는 부처님을 본 바라문은 이윽고 부처님께 귀의했습니다. 부처님은 분노를 제어하는 것이 곧 자신을 지키는 수호자라고 말했습니다.

"자신이야말로 자신의 수호자이니,
다른 누가 수호자가 되랴.
자신을 잘 제어할 때,
얻기 어려운 수호자를 얻는다."
(『법구경』, 전재성 역, 자기의 품)

나이가 들수록, 인내와 침묵은 참으로 자신을 지키는 수호자라는 부처님의 가르침에 공감하게 됩니다. 10년, 20년 수행했다는 사람이 사소한 일로 화를 내는 것을 본 일도 적지 않습니다. 신통력이 자신을 지키는 수호자가 아니라, 자신의 분노를 잘 제어하는 것이 곧 자기의 수호자입니다.

부처님의 가르침은 오늘 우리 불자의 신행을 경책하는 큰 죽비입니다. 오늘 우리 불교의 현실은 부처님의 가르침에서 보면 참담할 정도입니다. 방편이 오히려 본질을 가리고 있지만, 수행자들은 전통을 따른다는 명분 아래 현실에 안주하고 있습니다. 지금과 같이 불교가 쇄락하고 있는 것은 무기력과 게으름의 업보라고 하지 않을 수 없습니다. 바라문 아쑤린다까가 만난 부처님은 욕을 먹어도 고요히 선정에 든 수행자였습니다. 부처님의 선정은 무념무상無念無想이 아닌, 그 속에는 성찰과 자비가 끊임없이 살아 있습니다. 자기와 타인의 분노를 다스린 부처님은 살아 있는 선禪이 무엇인지 보여줍니다.

가장 어려운 수행

초기경전에 나오는 부처님의 가르침을 만나면 가슴 깊은 곳에서 일어나는 울림을 경험합니다. 부처님은 우주에 대한 법칙이나 업, 윤회, 영원한 자아에 대한 이론을 거부하고, 자신의 내면에 있는 분노, 탐욕, 인색 등을 성찰하라고 가르쳤습니다. 부처님은 윤회와 업의 고통에서 벗어나기 위해 제사를 지내며 주문을 외우는 바라문들에게 지금 당장 자신의 삶 속에서 일어나는 탐욕과 무지를 돌아보라고 말했습니다.

부처님이 말하는 완전한 열반은 욕망과 집착을 버리는 지금 여기의 삶에서 얻어집니다. 그러나 부처님의 제자들조차 바라문들처럼 윤회와 업에 대한 생각에서 벗어나기 어려웠습니다. 주위 사람이 죽으면 살아 있는 동안 교만과 탐욕을 버렸는지 돌아보기보다, 그가 죽어서 어디에 태어났는지 더 알고 싶어 했습니다. 부처님은 그럴 때마다 제자들에게 이렇게 말씀했습니다.

"너희들이 그들이 죽을 때마다 그들의 죽음에 대해 묻는 것은 한낱 수고롭게만 할 뿐이라서, 그런 것들은 여래가 대답하기 좋아하는 것이 아니다. 태어나는 것에는 반드시 죽음이 있거늘 무엇을 놀랍다 하겠는가?

여래가 이 세상에 출현했거나 또는 이 세상에 출현하지 않았거나 간에 진리는 언제나 존재하는 것이다. 여래는 그것을 스스로 알아 깨달음을 성취하여, 그것을 나타내어 자세히 나누어 설명하고 열어 보인 것이다. 그것은 이른바 '이것이 있으므로 저것이 있고, 저것이 일어남으로 이것이 일어난다. 즉 무명無明을 조건으로 행行이 있고, 행이 있으므로 식識이 있으며, 식이 있으므로 명색名色이 있으며(이하 12연기법)…… 나아가 태어남을 조건으로 늙음·병듦·죽음·근심·슬픔·괴로움·번민이 있다. 그리하여 괴로움의 무더기가 발생하는 것이나, 무명이 사라지면 행이 사라지고, …… 나아가 태어남이 사라지면 늙음·병듦·죽음·근심·슬픔·괴로움·번민도 사라진다. 이리하여 괴로움의 무더기가 사라지는 것이다.'라고 한 것이다."(「나리가경」, 잡아함경, 동국역경원)

12연기법은 슬픔, 분노, 근심, 번민은 모두 감각적 쾌락에 대한 욕망과 집착에서 일어나는 사실을 가르칩니다. 욕망과 집착을 돌아보고 그 속에 내가 없음(無我)을 알아, 집착을 끊고 버리는 것이 진정한 열반입니다. 욕망과 집착을 정직하게 바라볼 때, 생명에 대한 자제와 배려, 이웃에 대한 겸손이 일어납니다. 옛 시인은 누에치는 아낙을 보고 눈물을 흘렸습니다.

작일도성곽昨日到城郭 어제는 성 안에 들어갔다가,
귀래누만건歸來淚滿巾 오는 길은 수건이 눈물로 젖었다.
편신기라자遍身綺羅者 온몸을 비단으로 감싼 사람들,
불시양잠인不是養蠶人 누에치는 사람이 아니었소.
(「누에치는 아낙蠶婦」, 작자 미상, 고문진보古文眞寶)

온몸에 비단을 걸치고 희희낙락하는 사람들이 누에치는 아낙의 고통을 알리가 없습니다. 부끄러움을 모르고 이웃을 외면하는 일은 그 뿌리가 깊습니다. 우리의 일상에서 벌어지고 있는 위선과 권위, 그리고 그 속에 숨어 있는 폭력과 탐욕은 우리 모두 그 책임에서 자유로울 수 없습니다. 자기 자신이 먼저 현실의 혼란을 지탱하는 한 축임을 참회해야 합니다. 부처님은 당신의 승가 내부에서 일어나는 위선과 권위를 비판했습니다.

"어리석은 자는 헛된 특권을 바란다. 수행승 가운데 존경을,

처소에서는 권위를, 다른 사람의 가정에서는 공양을 바란다.
그는 재가자나 출가자 모두 '오로지 내가 행한 것이다.'라고 여기고,
어떤 일이든 해야 할 일이나 하면 안 될 일도 '오로지 나의 지배 아래
있어야 한다.'라고 어리석은 자는 이렇게 생각하니
그에게 욕망과 자만은 늘어만 간다.
하나는 이득을 위한 수단이고, 다른 하나는 열반의 길이다.
이와 같이 곧바로 알아 수행승은 깨달은 님의 제자로서
명성을 즐기지 말고 '멀리 여읨'을 닦아야 하리."
(『법구경』, 전재성 역, 어리석은 자의 품)

부끄러움을 아는 사람은 큰 소리를 내지 않습니다. 현실 비판에 소리를 높이는 사람은 자신이 그 현실의 한 부분임을 은폐하고 있습니다. 작은 여울들은 소리를 내며 흐르지만, 큰 강물은 소리 없이 흐릅니다(「날라까의 경」). 자신의 내면을 성찰하고 부끄러워해야 할 수행자가 도리어 해몽을 하거나 남에게 길흉을 판단해주는 것을 보고 부처님은 진정한 수행이 무엇인지 말했습니다.

"길조의 점, 천지이변의 점, 해몽, 관상 보는 일을 완전히 버

리고, 길흉의 판단을 버린다면, 그는 세상에서 바르게 유행할 것이다. 존재를 뛰어넘어 진리를 꿰뚫어, 수행승이 인간계와 천상에 대한 감각적 쾌락의 탐욕을 버린다면, 그는 세상에서 바르게 유행할 것이다. 수행승이 등 뒤에서 중상하는 말을 버리고, 분노하는 것과 인색함을 버리고 편견과 선입견의 생각을 떠난다면, 그는 세상에서 바르게 유행할 것이다."
(「올바른 유행의 경」, 숫타니파타, 작은 법문의 품)

부처님은 부끄러움을 알고 산다는 것이 얼마나 어려운 일인지 탄식하는 시를 남겼습니다. 오늘 우리의 현실을 생각하면 세간뿐만 아니라 출세간도 결코 부처님의 탄식에서 벗어나기 어렵습니다.

부끄러움을 모르고
까마귀처럼 교활하고 무례하고
파렴치하고 뻔뻔스러운
오염된 삶을 사는 것은 쉽다.

항상 부끄러움을 알고
청정을 찾고 집착을 여의고
겸손하고 식견을 갖추고

청정한 삶을 사는 것은 어렵다.

(『법구경』, 티끌의 품)

부끄러움을 모르고 파렴치한 삶을 사는 것은 쉽지만, 부끄러움을 알고 겸손하게 사는 것은 어렵다는 구절에 이르면, 부처님 그분이 평생 지켜간 뜻이 무엇인지 짐작하게 됩니다. 그리고 진정한 수행이 무엇인지 다시 생각하게 됩니다. 욕망과 교만을 보고 스스로 부끄러움을 아는 것은 수행 가운데서도 가장 어려운 수행이 아닌가 합니다.

붓다의 첫 말씀

불교에는 네 가지 큰 명절이 있습니다. 탄신일, 출가일, 성도일, 그리고 열반일입니다. 이 중 성도일은 음력 12월 8일로, 부처님이 깨달음을 얻은 날입니다. 그분의 깨달음과 자비를 생각하면 성도재일은 우리 불자에게는 참으로 뜻 깊은 날입니다. 이 날을 기념하기 위해 전국 사찰에서는 기념법회나 철야정진을 하기도 합니다.

부처님이 무엇을 깨달았는가에 대해서는 다양한 학설이 있습니다만, 초기경전 『우다나(감흥어린 시구)』에는 부처님이 무엇을 깨달았는지 소상히 알려주는 경전이 있습니다. 「깨달음의 경」과 「무짤린다의 경」이 그것입니다. 특히 「무짤린다의 경」에는 부처님이 깨달음을 얻고 나서 처음 누구를 만났으며 무슨 말씀을 했는지 전하기 때문에 더욱 우리의 관심을 끕니다.

먼저 「깨달음의 경」을 보면, 부처님이 깨달은 진리는 연기법입니다. 부처님은 연기법을 깨닫고는 7일 동안 가부좌를 하고, 오직 해탈의 큰 기쁨을 누리며 앉아 있었습니다.

"이와 같이 나는 들었다. 한때 세존께서 우루벨라의 네란자라 강 언덕 보리수 아래에서 비로소 바르고 원만한 깨달음을 얻었다. 그때 세존께서는 가부좌를 하고 해탈의 지복을 체험하면서 이레 동안을 앉아계셨다. 마침 세존께서는 이레가 지나자마자 그 삼매에서 일어나 밤의 초야에 조건적 발생의 법칙인 연기에 대하여 순관으로 이치에 맞게 정신활동을 기울였다.
[세존] '이것이 있을 때에 저것이 있다. 이것이 생겨나므로 저것이 생겨난다. 곧, 무명을 조건으로 형성이 생겨나고, 형성을 조건으로 의식이 생겨나며, 의식을 조건으로 명색이 생겨나고, 명색을 조건으로 여섯 감역이 생겨나며, 여섯 감역을 조건으로 접촉이 생겨나고, 접촉을 조건으로 느낌이 생겨나며, 느낌을 조건으로 갈애가 생겨나고, 갈애를 조건으로 집착이 생겨나며, 집착을 조건으로 존재가 생겨나고, 존재를 조건으로 태어남이 생겨나며, 태어남을 조건으로 늙음과 죽음, 우울, 슬픔, 고통, 불쾌, 절망이 생겨난다. 이와 같이 해서 모든 괴로움의 다발들이 생겨난다.'

그리고 세존께서는 그 뜻을 헤아려, 때맞춰 이와 같은 감흥어
린 시구를 읊었다.

참으로 열심히 노력을 기울여
선정을 닦는 님에게 진리가 나타나면,
사실들이 원인을 갖는다는 것을 분명히 알므로,
그 거룩한 님에게 모든 의혹이 사라진다."
(「깨달음의 경」, 우다나, 전재성 역)

고따마 부처님은 연기법을 분명히 이해하여 모든 의혹에서 벗어났다고 스스로 감흥어린 시를 읊었습니다.

부처님은 다시 장소를 옮겨 무짤린다 나무 아래에서 스스로 깨달은 진리를 검증하며 지극한 행복을 체험했습니다. 주석에 따르면, 이 무짤린다 나무는 보리수(아자빨라 니그로다 나무) 근처의 나무로, 부처님은 깨달은 후의 세 번째 7일 간을 이 나무 아래에서 보냈습니다. 이때 7일 동안 비가 내리고 차가운 폭풍이 몰아치는 등 험한 날씨가 계속 되었습니다. 무짤린다 나무 근처 호수에 사는 용왕은 부처님을 보호하기 위해 부처님의 몸을 일곱 번 감싸고 머리 위로 목을 펴 비를 막았습니다. 이윽고 날씨가 개이자 용왕은 바라문 학인의 모습으로 변화하여 부처님

앞에 섰습니다.

저는 이 장면을 보고, 지나가던 바라문이 비를 맞고 앉아 있는 한 젊은 수행자(부처님)를 보고 우산이나 천막을 제공한 것은 아닌지 상상해봅니다. 부처님은 호의를 베푼 바라문에게 자신의 깨달음을 전합니다.「무짤린다의 경」은 그 장면을 이렇게 전합니다.

"이와 같이 나는 들었다. 한때 세존께서 바르고 원만한 깨달음을 이룬 직후에 네란자라 강변의 무짤린다 나무 아래 계셨다. 그때 세존께서는 칠일 동안 오로지 가부좌를 하고 해탈의 기쁨을 누리며 앉아 있었다. 그런데 마침 때 아닌 때에 커다란 구름이 일어나 칠일 간 비가 내리고 차가운 폭풍이 몰아치고 험한 날씨가 계속되었다. 그러자 용왕 무짤린다가 자신의 처소에서 나와서 '세존께서 춥지도 않고 덥지도 않고 등에, 모기, 바람, 더위, 뱀과 만나지 않기를!' 하고 생각하며 세존의 몸을 일곱 번 똬리로 감싸고 머리 위로 커다란 후드를 펼쳤다.
그 후 세존께서는 칠일이 지나자 삼매에서 일어났다. 그때 용왕 무짤린다가 날이 개고 구름이 걷힌 것을 알고 세존의 몸에서 똬리를 풀고 자신의 모습을 감추고 바라문 학인 모습으로 화현하여 합장하며 세존께 인사를 드리고 세존의 앞에 섰다. 그리고 세존께서는 그 뜻을 헤아려, 때맞춰 이와 같은 감흥어린 시구를 읊었다.

가르침을 배운 자, 보는 자, 만족한 자에게
멀리 여읨이 행복이고, 생명에 대한 자제,
세상에서 폭력의 여읨이 행복이다.
세상에서 탐욕을 여의고 감각적 쾌락의 욕망을
뛰어넘음이 행복이다. 그런데 '내가 있다'는 생각의 제거,
이것이야말로 최상의 행복이다." (「무짤린다의 경」, 우다나)

부처님의 시를 정리해보면, ① '멀리 여읨'이 행복이며, ② 생명에 대한 자제와, 폭력을 여읨이 행복이며, ③ 탐욕을 여의고, 감각적 쾌락의 욕망을 뛰어넘음이 행복이며, ④ 마지막으로 '내가 있다'는 생각을 제거하는 것 등이 최상의 행복이라고 말했습니다. 이처럼 부처님이 깨달음을 얻고 처음 한 말씀은 놀랍게도 모두 행복에 대한 가르침입니다.

① '멀리 여읨'은 탐욕과 폭력과 두려움이 지배하는 삶을 거부하고 해탈의 길을 탐구하는 결단입니다. 부처님 스스로 행복을 추구하며 이 길을 걸었습니다. ② 생명에 대한 자제는 당시 바라

문들의 제사에 대한 비판입니다. 바라문들은 제사를 지낼 때 수많은 짐승을 죽여 복을 빌었습니다. 따라서 생명에 대한 자제는 이기적인 기복행위를 멈출 때 일어납니다. ③탐욕과 분노와 감각적 쾌락에 대한 욕망에서 멀리 여의면, 고요한 행복이 일어납니다. 마지막 4)는 무아를 깨닫는 행복입니다. 탐욕과 분노와 어리석음의 뿌리는 '내 것'에 대한 집착입니다. '내가 있다'는 생각을 버리는 것이야말로 행복 중에 최상의 행복이라고 부처님은 강조합니다.

무아無我의 진리는 수행자에게 매우 큰 변화를 요구합니다. 지배종교계급인 바라문들은 제사를 지내거나 주문을 외우며, 또는 강에서 목욕하거나 불을 숭배하는 등을 요구했습니다. 이 모두 다음 생에 태어날 자아의 행복을 위해 공덕을 쌓는 행위입니다. 무아를 깨달은 부처님은 이러한 위선을 거부했습니다. 분노와 폭력을 자제하고, 탐욕과 감각적 쾌락의 욕망을 넘어서는 것이 행복이라고 가르쳤습니다. 그러므로 부처님의 가르침을 받아들이면, 제사를 지내거나 불을 섬기고 주문을 외우는 등과 전혀 다른 내적 성찰의 길을 걷게 됩니다.

『우다나』에서 만나는 부처님의 가르침은 오늘 우리 불교계의 현실을 생각하면 이 또한 큰 변화를 요구하고 있다고 하지 않을 수 없습니다. 단체의 규모와 장엄한 예식은 인간의 탐욕을 키우며, 물질적 가치에 눈 먼 종교계가 빠지기 쉬운 유혹입니다. 상대방에 대한 배려와 겸손 등은 비록 눈에 잘 띄지 않고 사회적 명예나 부와는 거리가 멀지만, 바로 불교의 교조인 부처님이 추구하던 행복입니다. 오늘 우리가 기억해야 할 성도절의 의미는 실로 여기에 있다고 하겠습니다.

부처님은 연기법적인 통찰을 통해, '내 것'에 대한 욕망과 집착이 모두 감각적 쾌락에 대한 탐욕과 무지에서 일어났으며, 나아가 이 모든 원인과 조건(탐욕과 무지)은 내가 아니며(非我), 그 속에 내가 없음(無我)을 깨달았습니다. 부처님은 연기법을 깨달아 짐을 벗었으며, 스스로 지극한 행복을 체험했습니다. 제자들 또한 부처님의 가르침을 따라 해탈을 얻어 내면의 행복을 얻었습니다. 생명에 대한 자제와 사랑, 폭력을 멀리 여읨, 그리고 탐욕에서 멀리 떠나라는 가르침은 지난 2,500여 년 동안 한결같이 세상을 깨우는 목탁소리입니다.

탐욕과 폭력, 무지와 분노는 인간 세상이 당면하고 있는 가장 오래된, 그러나 오늘 태어난 생명도 이 세상에서 만나야 하는 어둠이요 고통입니다. 성도절을 맞아, 수행자는 탐욕과 분노, 폭력, 무지 등이 어디서 일어나는지, 그리고 여기서 벗어나는 행복의 길이 무엇인지 진지하게 물어야 합니다. 이러한 질문은 오늘 우리에게도 여전히 살아 있는 화두이며, 부처님의 깨달음에서 빛과 행복을 체험하는 길입니다.

손가락 두 마디의 지혜

「테라가타(장로게경)」은 부처님의 제자 중 장로 비구의 게송을 기록한 경전이며, 「테리가타(장로니게경)」는 장로 비구니의 게송을 기록한 것입니다. 「테리가타」에는 일흔셋 비구니들의 게송이 실려 있는데, 당시 여성으로서 그리고 여성 수행자로서 겪어야 하는 고통과 수행의 기쁨이 진솔하게 기록되어 있습니다. 다음은 그중 뭇따 비구니의 게송입니다.

> 세 가지 굽은 것으로부터,
> 절구로부터 공이로부터,
> 그리고 곱사등이 남편으로부터 벗어나
> 잘 해탈되었고 훌륭하게 해탈되었다.
> 생사로부터 해탈되었으니
> 나에게 존재의 통로는 제거되었다. (테리가타, 전재성 역)

뭇따 비구니는 위의 시에 나타나는 바와 같이 '절구와 절구공이와 곱사등이 남편' 등 세 가지 굽은 것으로부터 고통을 받으며 살았습니다. 뭇따의 시는 당시 여성의 신분으로서 겪었던 고통을 생생하게 전해줍니다. 그러다 부처님을 만나 진리를 배우고 닦아 삶과 죽음에서 해탈을 얻었습니다. 가장 천대받은 여성이 최고의 깨달음을 얻은 것입니다. 여성도 인간으로서 깨달음을 얻을 수 있다고 생각한 부처님은 완고한 비구들의 반대에도 불구하고, 여성의 출가를 허락했습니다.

부처님도 처음에는 여성들의 출가에 반대했습니다. 당시 남자보다 천대받는 여성이 출가생활을 영위하기가 더 어려웠기 때문입니다. 지금으로부터 2,500여 년 전 특히 여성이 감수해야 하는 고통은 근세의 역사를 보아도 상상하기 어렵지 않습니다. 미국 헌법에서 여성에게 참정권을 법적으로 명시한 것은 지금으로부터 100년도 안 된 1920년입니다. 백인 남성으로 이루어진 한 정당에서 처음으로 여성참정권을 공약으로 내세운 해가 1844년이니, 거의 90여 년 동안 공론이 이어졌습니다.

뭇따 비구니가 가정이나 사회적인 속박에서 벗어날 수 있었던 것은 부처님의 교단이 있었기 때문입니다. 다음은 「테리가타」에서 나오는 바쎗티 장로비구니의 게송입니다.

아들 잃은 슬픔으로 괴로워

마음이 흩어지고 지각을 잃고 벌거벗고 산발한 채,

나는 이곳저곳을 헤매고 다녔다.

길거리와 쓰레기장 시체가 버려진 곳과 차도

굶주림과 갈증으로 시달리며 삼년 동안을 돌아다녔다.

그러다가 바른 길로 잘 가신 님,

길들여지지 않은 자들을 길들이는 님,

올바로 깨달은 님, 어떤 것에도 두려움이 없는 님을

미틸라 시에 도착하였을 때 나는 친견했다.

나는 나의 마음을 되찾아 인사를 드리고 들어가 앉았다.

고따마께서는 애민히 여겨 나에게 가르침을 설했다.

그의 가르침을 듣고 집 없는 곳으로 나는 출가했다.

스승의 말씀을 따르니, 나는 지복의 상태를 깨우쳤다.

모든 슬픔이 끊어지고 버려지고 이처럼 끝을 이루었으니,

슬픔들이 생겨나는 그 바탕을 내가 완전히 알았기 때문이다.

바쎗티는 출가 전 사랑하는 아들을 잃고 실성했습니다. 그녀는 3년 동안 벌거벗고 산발한 채, 굶주림에 떨며 거리를 헤맸습니다. 부처님은 이렇게 헤매는 거지 여성을 교단에 받아주었습니다. 부처님의 가르침을 실천하여 바쎗티는 슬픔을 넘어 진정

한 기쁨을 맛보았습니다.

뭇따와 바셋티 비구니의 출가를 생각하며, 곰곰이 부처님을 생각하지 않을 수 없습니다. 큰 절에서 웅장한 모습으로 앉아 있는 부처님을 보는 데 익숙한 우리로서는 이처럼 가녀린 사람들을 위로하고 천대받는 여성을 제자로 받아주는 부처님을 상상하기란 쉽지 않습니다. 헐벗고 실성까지 한 여자의 모습은 누구에게나 혐오를 일으키기에 충분합니다. 부처님이니까 그런 사람을 받아주었다는 생각은 오히려 인간 붓다를 박제화할 뿐입니다. 한 사람을 성인으로 박제화하는 것은 더 이상 다가가지 않겠다는 뜻이지요. 이런 생각은 붓다와의 소통을 사실상 거부하는 우상화와 다름없습니다. 우상화가 노리는 것은 결국 신도들의 맹목적 신앙과 복을 빌기 위해 바치는 재물입니다. 이런 기복적 신앙에서 누가 이득을 취하는지 우리는 너무나 잘 알고 있습니다.

우리가 따르는 불교는 인간의 종교요, 누구나 깨달으면 붓다가 될 수 있는 사색과 성찰의 종교입니다. 부처님은 제자들에게 당신을 가리켜 해탈을 위해 서로 담론할 수 있는 좋은 벗(善知識)이라고 했습니다. 헐벗고 행색이 초라한 거지가 법회에 끼어들었을 때, 외면하거나 방관하기 쉽습니다. 그러나 부처님이 바셋티를 승단에 받아들인 것은, 인간의 가능성이 과거의 그 어떤 업이나 현재의 그 어떤 비참한 조건보다 더 귀한 때문이 아니었을까요? 부처님을 생각하면, 오늘 우리 불자는 오히려 윤회설과 업보의 관념에 묶여 있는 것 같아 도리어 부끄러울 뿐입니다.

부처님은 승단 안에서 카스트 제도를 없앴습니다. 부처님의 결단은 불공평하고 불합리한 현실에 맞서는 것이지만, 전통 바라문교가 지배하는 현실은 쉽게 바뀌지 않았습니다. 부처님은 또한 남자나 여자 등 성별에 관계없이 누구나 깨달음을 얻으면 붓다가 된다고 가르쳤지만, 여성을 차별하는 세속의 관념은 좀처럼 사라지지 않았습니다. "율장"에 보면, 어느 날 부처님이 한 비구니의 손이 물감으로 물들어 있는 것을 보았습니다. 비구의 옷을 염색하느라 손이 더러워지게 된 것을 알게 된 부처님은 비구가 비구니에게 옷 염색을 시켜서는 안 된다고 계율을 정했습니다.

불자라면 무엇보다 불공평과 억압을 거부하는 부처님의 관점이 무엇인지 물어야 합니다. 인간을 도외시하고 정치적, 경제적 조건만 본다면 오직 투쟁과 분노가 이어질 뿐입니다. 경전에는 온갖 어려움을 무릅쓰고 수행에 전념하는 비구니들의 당당한 모습을 볼 수 있습니다.

소마 비구니는 어느 날 사위성에 들어가 걸식을 하고 나서 돌아와 가사와 발우를 챙겨두고 발을 씻은 뒤에, 숲에 들어가 좌선하고 있었다. 그때 악마 파순波旬이 용모가 단정한 젊은이로 변화하여 그 비구니가 있는 곳으로 가서 물었다.
"아이(阿姨: 여자를 가리킴)여, 어디로 가려고 하는가?"
소마 비구니가 대답하였다.
"현자여, 인가에서 멀리 떨어진 곳으로 가려고 한다."
그때 악마 파순이 곧 게송으로 말하였다.

신선들이 머무르고 있는 곳,
그곳은 매우 얻기 어려운 곳으로서
손가락 두 마디 정도의 지혜로서는
능히 그곳에 이를 수 없느니라.

그때 소마 비구니는 그가 악마임을 알고 게송으로 말하였다.

마음이 선정에 들어 있거니,
여자의 몸이라고 무슨 상관이리.
만일 혹 지혜가 생기고 나면,
위없는 진리를 얻을 수 있으리라.

만일 남자니 여자니 하는 생각,
그것을 마음에서 모두 여의지 못하면
그는 곧 악마의 말을 따르는 것이니,
너는 마땅히 그에게 가서 말하라.

일체의 괴로움을 여의고,
일체의 어둠을 저버리고,
'모두 사라짐'을 몸으로 증득하면,
온갖 번뇌가 다하여 편안히 살리라.
나는 네가 악마인 줄 깨달아 알았으니,
즉시 사라져 없어지거라.
(「소마경」, 잡아함경, 동국역경원)

　소마는 자기를 유혹하는 남자에게 진리를 추구하는 수행자로서의 기상을 당당하게 드러냅니다. 무아無我를 깨달아 번뇌에서 벗어난 수행자가 아니면 감히 상상할 수 없는 모습입니다. 여성을 가리켜 손가락 두 마디의 지혜밖에 없다고 조롱하는 세상에서, 소마 비구니의 수행은 깊은 감동을 줍니다. 소마의 선정禪定에는 더 이상 남자나 여자라는 관념이 없었습니다. 남자와 여자를 차별하는 마음속에 숨어 있는 인간의 깊은 어둠을 보았던 것입니다.

뭇따와 바셋티 비구니의 출가는 사람을 과거의 업이나 신분에 의해서가 아니라, 누구나 진리를 이해할 수 있는 지성知性으로 보는 부처님의 입장을 선명하게 보여줍니다. 차별과 억압을 거부하고, 편견과 집착에서 벗어났기 때문입니다. 편견과 집착은 그것을 누리는 계층이나 사람에게는 당장 편하고 이익을 주기 때문에, 진실에 대한 용기와 삶의 절제가 따르지 않으면 거부하거나 벗어나기가 쉽지 않습니다. 자신은 비록 왕족 출신이지만, 가난하고 천대받는 여성들을 교단에 받아들여 최고의 깨달음을 얻게 한 부처님의 결단은 인간에 대한 신뢰와 용기가 어디서 일어나는지 보여줍니다.

데바닷따의 거센 물결

데바닷따(제바달다, 조달)는 석가족 출신으로 부처님의 사촌으로 알려져 있습니다. 출가하기 전에는 무술에 뛰어나고 학식이 높아 석가족 안에서 부처님(싯다르타 왕자)과 쌍벽을 이루었습니다. 『과거현재인과경』에 따르면 무술대회에서 싯다르타가 최후의 승리를 거두었지만, 마지막까지 겨룬 이도 데바닷따입니다. 그는 부처님을 따라 출가하였고, 이후 승단 안에서 아라한으로 대접 받았습니다. 데바닷따는 어느 날 부처님의 승단이 타락했다는 명분을 내세워 자기만의 교단을 세우겠다고 선언했습니다. 초기경전 『우다나』에는 그 당시 상황이 잘 그려져 있습니다.

이와 같이 나는 들었다. 한때 세존께서 라자가하 시의 벨루 숲에 있는 깔란다까니바빠에 계셨다. 마침 존자 아난다가 포살일에 아침 일찍 옷을 입고 발우와 가사를 수하고 라자가하

시로 탁발하러 들어갔다. 그때 데바닷따가 존자 아난다가 라자가하 시로 탁발하러 가는 것을 보았다. 보고나서 존자 아난다에게 다가와, 이와 같이 말했다.

〔데바닷따〕"벗이여, 오늘부터 나는 세존을 비롯한 수행승들의 무리와는 별도로 포살과 승단의 모임을 할 것입니다."

그러자 존자 아난다는 라자가하 시에서 탁발하여 식사를 마친 뒤, 탁발에서 돌아와 세존께서 계신 곳을 찾아갔다. 가까이 다가가서 세존께 인사를 드리고 한쪽으로 물러나 앉았다. 한쪽으로 물러나 앉아서 세존께 이와 같이 말했다.

〔아난다〕"세존이시여, 저는 아침 일찍 옷을 입고 발우와 가사를 수하고 라자가하 시로 탁발하러 들어갔습니다. 그때 데바닷따가 제가 라자가하 시로 탁발하러 가는 것을 보았습니다. 보고나서 제게 다가와, 가까이 와서 제게 이와 같이 '벗이여, 오늘부터 나는 세존을 비롯한 수행승들의 무리와는 별도로 포살과 승단의 모임을 할 것입니다.'라고 말했습니다. 세존이시여, 데바닷따가 오늘 승단을 분열시키고 별도로 포살과 승단의 모임을 할 것입니다." (「아난다의 경」, 우다나, 전재성 역)

경전에 의하면, 데바닷따가 따로 교단을 세우겠다고 선언하자 오백여 수행승이 따라 나섰습니다. 그를 지지하는 승단 안의 세력이 적지 않았음을 알 수 있습니다. 데바닷따는 대략 다음과 같은 주장을 했습니다.

고기와 생선을 먹지 말 것, 평생 마을에 머물지 말고 숲에서 머물며, 집에서 자지 말고 나무 밑에서 잘 것, 평생 떨어진 옷(분소의)을 입고 일반인(거사)의 옷을 입지 말 것, 걸식을 해서 먹지 밥을 청해서 먹지 말 것 등

데바닷따의 요구를 겉으로 보면, 수행자의 삶을 더욱 엄하게 하자는 주장입니다. 사실 부처님이 처음 승단(상가)을 세웠을 때, 당시 출가자들의 삶은 쉽지 않았습니다. 공양이나 옷 등을 보시 받을 수 있는 기회가 기존 명성이나 세력이 있는 외도들보다 적었습니다. 당시 출가자들은 집집마다 탁발해서 먹었기 때문에, 재가자가 주는 대로 고기와 생선을 가리지 않고 받아야 했습니다. 더구나 부처님의 가르침이 제사나 주문을 거부한 탓에 제사와 주문으로 생계를 유지하던 바라문들의 반발과 모함도 적지 않았습니다.

세월이 흘러 부처님의 명성이 널리 알려지고 왕과 여러 부유한 상인들이 귀의함에 따라, 출가자들의 형편이 나아지게 되었습니다. 부처님은 엄격하게 계율을 세워 출가자의 청빈한 삶을 지켜나갔지만, 일부 비구들은 재가자의 비난을 살 만한 일을 저

지르기도 했습니다. 데바닷따가 엄격한 수행을 내세운 이면에는 이러한 현실이 있었던 것이 아닌가 합니다.

데바닷따가 따로 교단을 세우자, 마가다국 빔비사라왕의 아들 아지따쌋뚜는 많은 수레에 음식을 담아 보냈습니다. 탁발하던 수행승들은 이 광경을 보고 부처님에게 알렸습니다.

한때 세존께서 라자가하 베루바나에 있는 깔란다까니비빠에 계셨다. 그런데 그때 아지따쌋뚜 왕자가 데바닷따를 위하여 아침저녁으로 오백 그릇의 음식을 오백 대의 수레로 몰아 운반하고 있었다. 그때 마침 많은 수행승들이 세존께서 계신 곳으로 찾아왔다. 가까이 다가와서 세존께 인사를 드리고 한쪽으로 물러앉았다. 한쪽으로 물러앉은 수행승들은 세존께 이와 같이 말했다.
"세존이시여, 아지따쌋뚜 왕자가 데바닷따를 위하여 아침저녁으로 오백 그릇의 음식을 오백 대의 수레로 몰아 운반하고 있습니다."
"수행승들이여, 데바닷따의 이득과 환대와 명성을 시기하지 말라. 수행승들이여, 아지따쌋뚜 왕자가 데바닷따를 위하여 아침저녁으로 오백 그릇의 음식을 오백 대의 수레로 몰아 운반하는 한, 데바닷따의 착한 성품은 줄어들 뿐, 결코 늘어나지 않을 것이다. 수행승들이여, 예를 들어 사나운 개의 코에다 마른 간을 부스러뜨리면 그 개가 더욱 맹렬해지듯이 수행승들이여, 아지따싸뚜 왕자가 데바닷따를 위하여 아침저녁으로 오백 그릇의 음식을 오백 대의 수레로 몰아 운반하는 한, 데바닷따의 착한 성품은 줄어들 뿐, 결코 늘어나지 않을 것이다.

이와 같이 수행승들이여, 이득과 환대와 명성은 두렵고 자극적이고 거친 것으로 위없는 평화를 얻는 데 장애가 된다. 수행승들이여, 그대들은 '나는 이미 생겨난 이득과 환대와 명성을 버릴 것이며, 아직 생겨나지 않은 이득과 명성과 환대에 집착하지 않고 지낼 것이다.'라고 배워야 한다. 수행승들이여 그대들은 이와 같이 배워야 한다."

(「오백 대 수레의 경」, 쌍윳따니까야, 전재성 역)

데바닷따는 아지따삿뚜 왕자의 비호를 받았습니다. 아지따삿뚜는 아버지를 내쫓고 왕권을 차지할 욕심이 있었고, 이를 위해 종교적으로 자신을 지켜줄 새로운 승단을 필요로 했습니다. 이러한 정치적 배경에 힘입어 데바닷따가 부처님께 반기를 들었던 것입니다. 그는 심지어 바위를 굴려 부처님을 살해하려고까지 하였습니다. 부처님은 다행히 목숨을 건졌지만, 발에 큰 상처를 입었습니다.

부처님은 데바닷따의 마음속에서 이득과 환대와 명성을 얻으려는 욕망을 보았습니다. 부처님은 제자들에게 데바닷따가 누리는 명성과 환대를 시기하지 말라고 엄하게 타일렀습니다. 데바닷따를 비난하면서도 내심 왕자가 보내는 음식을 부러워하고 시기하는 마음을 본 것입니다. 쌍윳따니까야 17품에는 「오백 대수레의 경」 외에도 「수행승의 경」이 실려 있습니다. 이 경에서 부처님이 아난에게 한 법문은 그 뜻이 매우 의미심장합니다.

한때 세존께서 싸밧티의 제따바나에 있는 아나타삔디까 승원에 계셨다. 그때 세존께서는 이와 같이 말씀하셨다.
"수행승들이여, 번뇌를 소멸한 거룩한 수행승에게도 이득과 환대와 명성은 장애라고 나는 말한다."
이와 같이 말씀하셨을 때 존자 아난다가 세존께 이와 같이 말했다.
"세존이시여, 번뇌를 소멸한 어떠한 수행승에게도 이득과 환대와 명성은 장애입니까?"
"아난다여, 흔들리지 않는 마음의 해탈을 성취한 자에게도 이득과 환대와 명성은 장애라고 나는 말한다. 아난다여, 또한 게으르지 않고 열심히 전념하여 현세에 즐거움을 누리는 선정을 성취한 자에게도 이득과 환대와 명성은 장애라고 나는 말한다. 아난다여, 이와 같이 이득과 환대와 명성은 두렵고 자극적이고 거친 것으로 위없는 평화를 얻는 데 장애가 된다. 아난다여, 그러므로 그대는 '나는 이미 생겨난 이득과 환대와 명성을 버릴 것이며, 아직 생겨나지 않은 이득과 환대와 명성에 집착하지 않고 지낼 것이다'라고 배워야 한다. 아난다여, 그대는 이와 같이 배워야 한다."

부처님이 번뇌를 소멸한 거룩한 수행승에게도 이득과 환대와 명성은 장애라고 말할 때, 아난존자는 "번뇌를 소멸한 어떠한 수행승에게도 이득과 환대와 명성이 장애입니까?"라고 다시 한 번 물었습니다. 아난은 당시 베데하 지역에서 성자라는 칭송을 듣고 있었습니다. 부처님은 흔들리지 않는 마음의 해탈을 성취한 자에게도 예외가 아니라고 단호하게 대답합니다. '이득과 환대와 명성은 두렵고 자극적이고 거친 것으로, 위없는 평화를 얻는 데 장애가 된다'고 이른 부처님의 말은 아난존자에게도 놀라운 경책이거니와, 오늘 우리의 현실에도 살아 있는 법문입니다. 아라한은 그럴 수 없다거나, 데바닷따가 아직 진정한 아라한이 아니라는 등의 주장은 공허한 탁상공론일 뿐입니다.

우리의 마음은 끊임없이 외부의 경계에 휘둘립니다. 부처님은 욕망과 집착을 '거센 물결'이라고 표현했습니다. 명예와 이익과 환대가 주는 쾌락에 맞서기에는 인간의 지성이 나약한 것을 꿰뚫어본 것입니다. 욕망과 집착은 어디서 일어나는가? 부처님이 가르친 바와 같이, 눈·귀·코·혀 등이 바깥 경계와 만나면서 일어납니다. 즉, 육근(六根; 눈·귀·코·혀·몸·생각)이 육경(六境; 형상·소리·냄새·맛·감촉·생각의 대상)과 접촉하면서, 육식(六識; 안식眼識·이식耳識·비식鼻識 등)이 생겨나는데, 여기서 좋아하고 싫어하는 느낌(受)이 일어나고, 마침내 욕망(愛)과 집착(取)이 뒤따릅니다.

부처님은 욕망과 집착이 일어나는 원인과 조건(육근, 육경, 육식 등)은 모두 '무상無常하고 내가 아니며, 그 속에 자아自我가 없다'는 사실을 가르쳤습니다. 부처님의 깨달음은 어떤 신비나 추상적 관념에서 벗어난, 인간의 내면에 대한 진실한 통찰이 아닐 수 없습니다. 욕망과 집착을 '나'라고 여기던 생각이 미망임을 깨닫게 되면, 집착에서 '멀리 떨어지는' 체험이 일어납니다. '멀리 여읨(遠離)'이 일어나면, 마음이 고요해져 지성은 다시 본래의 예지력을 회복할 수 있습니다. '멀리 여읨'과 '고요함(寂滅)'은 거센 물결을 넘는 길입니다.

〔질문자〕 "그대 태양족의 후예이신 위대한 선인께 '멀리 여읨'과 '적멸'의 경지에 대해서 여쭙니다. 수행승은 어떻게 보아야 세상의 어떤 것에도 집착하지 않고 열반에 듭니까?"

〔세존〕 "현명한 자라면 '내가 있다'고 생각하는 희론적 개념의 뿌리를 모두 제거하십시오. 어떠한 갈애가 안에 있더라도 새김을 확립하여 그것들을 제거하도록 공부하십시오. 안으로뿐만 아니라 밖으로 어떠한 현상이든 잘 알 수 있더라도, 그러나 그것을 고집하지 말아야 합니다. 참사람에게 그것은 소멸이라 불리지 않기 때문입니다. 그 때문에 '우월하다'든가 '열등하다'든가 혹은 '동등하다'라고도 생각해서는 안 됩니다. 여러 가지 형태로 영향을 받더라도, 자기를 내세우는 허구를 만들지 말아야 합니다. 수행승은 안으로 평안해야 합니다. 밖에서 평안을 찾아서는 안 됩니다."

(「서두름의 경」, 숫타니파타, 전재성 역)

남과 우열을 다투며 자기를 내세우는 헛된 마음을 없애야 안으로 마음이 평안해진다고 한 부처님의 가르침은 오늘 들어도 그 뜻이 새롭습니다. 초기경전을 보면, 많은 수행자들이 부처님의 가르침에 따라 거센 물결을 건넜습니다. 그들은 멀리 여읨(遠離)과 고요함(寂滅)을 얻은 것입니다. 무상과 무아의 법문을 아무리 많이 배우고 가르쳐도 명예와 환대와 이익에 눈이 어둡다면 데바닷따와 다를 바가 없습니다. '멀리 여읨'과 '고요함'이 일어나야 참된 수행입니다.

부처님을 다시 스승으로

부처님은 해탈을 얻은 제자들에게 이렇게 당부했습니다.

"나는 이미 인간과 천상의 속박에서 벗어났다. 그대들도 인간과 천상의 속박을 벗어났으니, 인간 세상에 나가 많은 사람을 제도하고 많은 이익을 주어 인간과 하늘을 안락하게 하라."

(「승삭경繩索經」, 잡아함경, 동국역경원)

위 구절은 부처님의 전도傳道선언으로 우리에게 잘 알려져 있습니다. 부처님의 전도선언은 당시 현실을 생각하면 지배종교인 브라만 사제들과 갈등을 야기할 수 있는 매우 민감한 메시지라고 할 수 있습니다. 당시 바라문들은 제사를 장엄하게 지내며 현생과 내생의 복을 빌었습니다. 특히 전쟁의 승리를 비는 제사에는 수많은 짐승을 죽여 희생을 삼았으며, 제사를 지내준 대가로 왕과 귀족들에게서 땅, 마차, 노예, 여자, 집 등의 보시를 받아 막대한 부를 축적했습니다. 그러나 이들은 당시 전쟁과 학정으로 떠돌아다니는 유랑민이나 유행자와 거지들을 외면했습니다. 종교가 제구실을 하지 못하자 세상은 전쟁과 폭력, 탐욕과 분노 등의 혼란에서 길을 찾지 못했습니다.

히말라야 인근 작은 나라의 왕자로 태어난 고따마 역시 젊은 이로서 당시의 혼란한 현실을 경험하였습니다. 고따마는 왕자의 지위를 버리고 성문을 나섰습니다. 세상을 이끌어 가는 종교의 위선을 보고 진정한 해탈의 길을 탐구하고자 했던 것입니다. 깨달음을 얻기 전, 부처님은 자신의 마음속에서 일어나는 악마와 싸웠다고 경전은 전합니다. 경전 속에 등장하는 악마의 실체를 살펴보면, 실상 악마는 바로 당시 세상의 고통을 외면하고 이득과 명예와 칭송을 누렸던 바라문 성직자들이나 저명한 선정수행자들이었습니다.

"그대(악마)의 첫 번째 군대는 욕망, 두 번째 군대는 혐오라 불리고, 그대의 세 번째 군대는 기갈, 네 번째 군대는 갈애라 불린다. 그대의 다섯째 군대는 권태와 수면, 여섯째 군대는 공포라 불리고, 그대의 일곱째 군대는 의혹, 여덟째 군대는 위선과 고집이라 불린다. 잘못 얻어진 이득과 명예와 칭송과 명성, 그리고 자기를 칭찬하고 타인을 경멸하는 것도 있다. 나무치(악마)여, 이것들이 그대의 군대, 검은 악마의 공격군인 것이다.

이 세상의 삶은 얼마나 부끄러운 것인가! 내게는 패해서 사는 것보다는 싸워서 죽는 편이 오히려 낫다. 어떤 수행자나 성직자들은 이 세상에서 침몰하여 보이지 않는다. 그들은 계행을 지닌 고귀한 님들이 가야 할 길조차 알지 못한다. 코끼리 위에 올라탄 악마와 더불어, 주변에 깃발을 든 군대를 보았으니, 나는 그들을 맞아 싸우리라."

(「정진의 경」, 숫타니파타, 전재성 역)

어느 경전이 이처럼 깨달음을 얻기 전, 청년 수행자 고따마의 내적인 고뇌를 절절하고 진지하게 표현할 수 있을까요? 특히 "이 세상의 삶은 얼마나 부끄러운 것인가! 어떤 수행자나 성직자들은 이 세상에서 타락하여 보이지 않는다. 그들은 계행을 지닌 고귀한 님들이 가야 할 길조차 알지 못한다."라고 탄식하는 부처님의 독백 속에서 우리는 한 젊은 지성의 치열한 문제의식을 엿볼 수 있습니다. "어떤 수행자나 성직자들은 이 세상에서 침몰하여 보이지 않는다."고 했으니, 세상이 어지러운데도 현실을 외면하고 오히려 사리사욕을 채우는 성직자들을 나무란 것입니다. 성직자의 위선과 기만은 비록 소수이겠지만 오늘도 새로운 일이 아닙니다. 세상이 어지러워도 누구 하나 세상을 깨우는 바른 말을 하는 성직자를 보기 어렵습니다. 그래서 새삼 법정 스님과 김수환 추기경이 그립습니다.

부처님은 생로병사의 고통은 우리 마음속의 욕망과 집착에서 일어난다는 것을 깨달았습니다. 나아가 욕망과 집착의 원인을 관찰하여 마침내 연기법의 진리를 깨달았습니다. (연기법에 대한 자세한 내용은 「거대한 뿌리-연기와 무아」를 참조하시기 바랍니다) 무명·행(行; 형성)·식識·명색(名色; 정신과 신체)·육입六入·촉(觸; 접촉)·수(受; 느낌)·애(愛; 갈애)·취(取; 집착)·유有·생로병사 우비고뇌로 이어지는 원인과 결과의 연기법은 겉으로 보기에는 도식적이고 피상적으로 보일 수도 있습니다. 그러나 욕망과 집착을, 그것이 가져오는 탐욕, 분노, 폭력, 어리석음 등의 현실에서 이해할 때, 비로소 연기법이 우리 삶의 고통을 있는 그대로 깊이 성찰한 결과임을 알 수 있습니다. 어려운 대승경전이나 조사어록보다『법구경』한 줄이 마음에 오래 남는 까닭도 여기에 있다고 할 수 있습니다.

부처님은 무명無明에서 생로병사와 우울, 슬픔, 고통, 번뇌(우비고뇌憂悲苦惱)에 이르기까지 연기법의 12가지 원인과 조건(諸行)이 모두 괴롭고(苦), 무상無常하며, 그 속에 '나다, 또는 내 것이다'라고 할 것이 없다(無我)는 진실을 깨달았습니다. '나와 내 것'에 대한 집착은 모든 생명이 안고 있는 어리석음입니다. 부처님은 '나와 내 것'에 대한 집착을 멀리하는 '멀리 여읨(遠離)'과 '고요함(寂滅)'을 가르쳤고, 평생 옷 한 벌과 하루 한 끼를 먹으며 자비와 해탈의 삶을 살았습니다. 부처님의 자신의 내면을 이렇게 밝혔습니다.

>나는 집을 짓는 자를 찾으며
>그러나 발견하지 못하고
>많은 생애의 윤회를 달려왔으니,
>거듭 태어남은 고통이었다. (153)
>
>집짓는 자여, 그대는 알려졌다.
>그대는 다시는 집을 짓지 못하리.
>서까래는 부서졌고, 대들보는 꺾였다.
>많은 생애의 윤회를 달려왔으나,
>마음은 형성을 여의고,
>갈애의 부숨을 성취했다. (154)
>(『법구경』, 전재성 역, 늙음의 품)

연기법을 통찰하여 무아의 진리를 깨달은 사람은 더 이상 윤회를 두려워할 이유가 없습니다. 부처님의 제자들은 스스로 '나와 내 것'이라는 생각이 집착임을 알아 그 원인인 갈애를 멀리하기 때문입니다. 따라서 부처님의 가르침이 전해지는 곳에서는 바라문들은 종교적 권위를 잃고 부와 명예를 축적할 수 없었습니다. 현세의 복을 빌거나 다음 생의 윤회를 위해 제사를 지내거나 주문을 팔 수 없게 된 것입니다. 바라문들은 부처님을 찾아가 모욕을 주었고, 제자들의 전법傳法을 방해하였습니다.

목숨을 걸고 정진하면서 부처님이 물리친 유혹(악마)은 오늘 우리에게도 깊은 공감을 일으킵니다. 탐욕, 미움, 갈애, 위선, 고집, 이익, 명예, 칭송 등은 오늘 우리에게도 여전히 장벽으로 남아 있기 때문입니다. 법회마다 사람을 차별 없이 부처님으로 대하는 것이 곧 불교의 가르침이라고 말하지만, 차별의 장벽은 견고하기만 합니다. 자비와 인내, 겸손과 가난 등 사람을 차별 없이 대할 수 있는 미덕도 이익과 명예와 칭송 앞에서는 의미 없는 동어반복이 되고 있습니다. 수행의 형태는 예와 같은데 참사람이 나오지 않고, 장엄한 예식 중심의 법회 앞에 소박함과 성찰의 가치는 날로 빛을 잃고 있습니다. 기복과 제사를 통해 얻는 수입으로 사찰을 유지하는 전통적인 방식은 특히 현대와 같이 열린 사회에서는 불교의 정체성을 혼란으로 몰아넣고 있습니다.

프란치스코 교황은 한 강론에서 교회가 돈으로 평온을 얻으려는 보험회사가 돼서는 안 된다고 강조했습니다. 가톨릭 교황의 지적은 우리 불교에게도 뼈아픈 죽비입니다. 교황의 강론은 오늘 우리의 현실을 꿰뚫는 통찰이며, 종교의 역할에 대한 진지한 성찰입니다. 교황의 지적은 2,500여 년 전, 29살에 집을 나선 부처님의 문제의식과 크게 다르지 않습니다.

이득과 명예와 칭송을 버리는 길은 누구에게나 쉽지 않습니다. 그러나 자비와 인내, 무소유와 검소함의 미덕은 누구나 흔연한 마음으로 진리를 문을 두드릴 수 있는 조건입니다. 석가모니 부처님이 스스로 걸었고 보여준 이 길에는 권력이나 명예, 학벌, 문중 등의 차별과 장벽이 들어설 여지가 없습니다. 교회나 절의 문턱이 높으면 올바른 수행자가 나올 수 없습니다. 고통(苦)과 무상無常과 무아無我의 가르침에 따라 우리의 내면을 성찰하는 일은, 오직 겸손한 수행자에게만 일어날 수 있습니다. 깨달음은 부처님이 선언한 것과 같이, 탐욕과 미움과 어리석음에서 벗어나 해탈을 얻는 길입니다. 부처님을 길흉화복의 주재자가 아니라, 스승으로 다시 모시는 일이 절실합니다.

비탈길의 유혹

수행은 무엇보다 수행자가 어떻게 사는지 그 실제 삶을 통해서 평가받게 됩니다. 아무리 수행이 치열하고 혹독한 과정을 거쳤다고 하더라도 실제 삶이 탐욕과 성냄에 묶여 있다면 참다운 수행자라고 할 수 없습니다. 삶으로 돌아오지 않는 수행도 더 큰 문제입니다. 수행과 삶의 괴리는 종교를 떠나 진지한 지성이라면 돌아보지 않을 수 없는 문제입니다.

미국 시카고에 있는 윌로우 크릭Willow Creek 교회는 2006년도 미국에서 가장 영향력이 있는 50개 교회 중 1위를 차지한 교회입니다. 미국에는 큰 교회가 많지만, 사회에 영향력이 높은 교회로는 이 교회를 따라갈 수가 없습니다. 교회 성장을 꿈꾸는 전 세계 개신교 지도자들이 이 교회를 방문하고 있을 정도입니다. 이 교회는 세계적인 석학들이 짠 다양한 프로그램으로 신도들을 교육하는 것으로 유명합니다. 이 교회 목사 빌 하이벨스가 쓴 책들은 늘 베스트셀러 목록에 오릅니다.

2007년 이 교회는 지난 32년 동안 자신들이 지금까지 벌여온 목회활동을 평가했습니다. 심리학자와 사회학자 등 여러 전문가를 동원하여 1년 넘게 조사해서 그 결과를 발표했는데, 그 결과가 세상을 놀라게 했습니다. 그동안의 사목활동이 결과적으로 실패했다고 공개적으로 고백한 것입니다. 다양한 영성 프로그램을 도입하여 신도들의 수가 획기적으로 늘었지만, 정작 신도들의 의식을 조사해본 결과, 성서의 가르침대로 하느님과 이웃을 사랑하고 있다는 확신을 얻지 못했다는 것입니다. 밖에서는 최고의 교회라고 평가해 주었지만, 참다운 신앙과 거리가 먼 신도들의 실상을 발견한 것입니다. 이념과 현실의 괴리를 발견하고 그 모순을 스스로 인정할 줄 아는 이 교회 지도자들의 지성을 높이 평가하지 않을 수 없습니다.

우리 불교에서도 불자들이 과연 부처님의 가르침대로 보시를 하고 계를 지키고 욕됨을 참으며 정진하는지 물어야 합니다. 불교에서는 실천이 따르지 않는 지식을 '마른 지혜(乾慧)'라고 하여 경계합니다. 지식과 실천, 수행과 삶의 괴리를 점검하는 일은 불교의 자랑스러운 전통입니다. 오랫동안 국회의원을 지낸 한 원로 불자는 사석에서 자신의 삶을 이렇게 고백했습니다. "선거 유세전에서 본의 아니게 상대방을 비난하는 일이 많았고, 국회에서 반대파 의원과 거칠게 다투는 일이 많았으니, 성내거나 악한 말을 하지 말라는 부처님의 가르침을 어긴 것이 아닌가?"

부처님에게 귀의한 정치가(신하)들은 실제 어떻게 살았는지 궁금해하다가 우연히 「전업경」을 만났습니다. 「전업경」에는 부처님에게 귀의한 꼬살라국 신하들이 등장합니다. 꼬살라국은 마가다국과 함께 영토가 넓고 국력이 강했습니다. 신하들 또한 부와 권력이 대단했으리라 상상할 수 있습니다. 그들은 부처님이 전법을 위해 먼 길을 떠난다는 말을 듣고 부처님을 찾았습니다.

"세존이시여, 저희들은 꼬살라국 빠쎄나디(파사익) 왕의 대신입니다. 왕이 공원에 들어가실 때에는 저희들에게 큰 코끼리를 타게 합니다. 그리고 왕이 제일 사랑하는 궁녀들도 태우는데, 한 여자는 우리 앞에 타게 하고 한 여자는 우리 뒤에 타게 하고는, 우리를 그 가운데 앉게 합니다. 그리하여 코끼리가 비탈길을 내려올 때엔 앞에 있는 여자는 우리의 목을 끌어안고, 뒤에 있는 여자는 우리의 등을 붙잡습니다. 또 반대로 코끼리가 비탈길을 올라갈 때에는 뒤에 있는 여자는 우리의 목을 끌어안고, 앞에 있는 여자는 우리의 옷자락을 붙잡습니다.

저 궁녀들은 왕을 위해 비단옷을 입고 온갖 묘한 향을 바르며 보석으로 장엄합니다.

우리는 이들 궁녀들과 더불어 지내지만, 항상 세 가지 일을 조심하곤 하였습니다. 첫째는 코끼리를 몰되 바른길을 잃을까 두려워하는 것이고, 둘째는 제 자신의 마음을 단속하여 물들어 집착할까 두려워하는 것이며, 셋째는 제 자신의 몸을 단속하여 거기 넘어지고 떨어질까 두려워하는 것입니다. 세존이시여, 저희들은 그때 왕의 여자들에 대해 잠깐이라도 바른 사유를 하지 않은 적이 없었습니다."

부처님이 장자들에게 말했다.

"참으로 훌륭합니다. 그대들은 자신의 마음을 잘 단속하였습니다."

장자들이 부처님께 말씀드렸다.

"저희들 집에 소유하고 있는 모든 재물을 늘 세존과 모든 출가자나 재가자들과 함께 같이 쓰겠으며, '내 것'이라고 생각하지 않겠습니다."

부처님께서 장자들에게 말했다.

"참으로 훌륭합니다. 그대들은 이 꼬살라국에서 돈과 재물로는 견줄 이가 없거늘, 저 많은 재물에 대하여 내 것이라고 생각하지 않습니다." (「전업경」 요약 및 윤문, 잡아함경, 동국역경원)

비탈길을 타면서 일어나는 상황에 대한 묘사가 하도 생생해서 눈으로 그 정경을 보는 듯합니다. 왕은 자신이 아끼는 아름다운 궁녀들을 신하가 모는 코끼리 수레에 함께 태웠습니다. 왕은 주위 사람을 늘 의심의 눈으로 바라본 것이지요. 빠쎄나디 왕은 사실 매우 잔인한 사람이었습니다. 전쟁을 자주 치르는 대국의 왕답게 사람의 목숨을 하찮게 여겼습니다. 왕은 권력을 지키기 위해 이복동생들을 모두 죽이고는, 죄의식에 시달리다가 부처님을 찾은 적도 있었습니다. 말리까 왕비가 세상에 제일 소중한 것은 바로 사람의 목숨이라고 말한 것은 왕의 행실을 고려하면 매우 절박한 말이었습니다.

말리까 왕비가 말했다.
"대왕이시여, 나에게는 나 자신보다 더 사랑스러운 다른 사람은 없습니다. 대왕이시여, 전하께서는 자신보다 더 사랑스러운 다른 사람이 있습니까?"
빠쎄나디왕은 대답했다.
"말리까여, 나에게도 나 자신보다 더 사랑스러운 다른 사람은 없소."
왕과 왕비가 부처님을 찾아가 이 이야기를 하자, 부처님은 이렇게 시를 읊었다.

"마음이 어느 곳으로 돌아다녀도
자기보다 더 사랑스러운 것을 찾지 못한다.
다른 사람에게도 자기는 사랑스러우니
자신을 위해 남을 해쳐서는 안 되리."
(「말리까의 경」, 쌍윳따니까야, 전재성 역)

자기의 목숨이 귀한 것을 아는 사람은 다른 사람을 해쳐서는 안 된다고 읊은 부처님의 시는 실로 뜻이 깊었습니다. 신하들은 유혹과 위험 속에서 부처님의 가르침을 기억했습니다. 신하들은 코끼리를 몰되 바른길을 잃을까 조심하였으며, 나아가 궁녀들의 유혹 속에서도 자신의 몸과 마음을 단속했습니다. 몸과 마음을 단속하며 자신의 일(직업)에 전념하는 것은 팔정도의 정사(正思; 바른 생각)와 정업(正業; 바른 행위), 그리고 정명(正命; 바른 생계)에 다름아닙니다. 신하들은 부처님의 가르침을 듣고, 일생생활 속에서 팔정도를 실천했던 것을 알 수 있습니다.

누가 바른 말을 한다고 해서 꼭 그 사람을 따르는 것은 아닙니다. 말보다 그 사람의 삶이 더욱 중요하다는 것을 우리는 잘 알고 있습니다. 다음 경전은 당시 사람들이 부처님을 찾은 까닭을 생생하게 보여줍니다.

"사슴 같은 정강이에 여위었으나 강건하고,
적게 드시고, 탐욕이 없이,
숲속에서 조용히 선정에 드시는 님, 고따마를 뵈러 가자.
온갖 욕망을 돌아보지 않고,
마치 사자처럼 코끼리처럼, 홀로 가는 그 님을 찾아가서
죽음의 속박에서 벗어나는 길을 물어보자.
진리를 가르치시고, 설하시는 분,
모든 현상의 피안에 도달하여 원한과 두려움을 뛰어넘은
깨달은 님, 고따마에게 물어보자."
(「헤마바따의 경」, 숫타니파타, 전재성 역)

죽음의 속박에서 벗어나게 하는 것은 '나'와 '내 것'이 없는 진리입니다. 원한과 두려움을 넘어선 부처님의 고요한 삶을 본 꼬살라국 신하들은 부처님의 가르침에 따라 무아無我의 진리를 실천했습니다. 팔정도를 실천하며 이웃에게 자비를 실천하는 데까지 이른 꼬살라국 신하들의 높은 지성을 찬탄하지 않을 수 없습니다. 삶의 순간마다 부처님의 가르침을 기억한 꼬살라국 신하들은 2,500여 년이 지난 오늘 우리에게 진정한 불자의 길을 보여주고 있습니다.

바히야의 아침

'시 속에 그림이 있고, 그림 속에 시가 있다(詩中有畵 畵中有詩)'는 말이 있습니다. 왕유의 시를 두고 소동파가 한 말로 기억합니다만, 저는 경전을 읽을 때 경전 속에 나오는 장면을 그림처럼 떠올리는 버릇이 있습니다. 그 주변상황을 하나하나 그리다 보면, 때로는 빈 공간을 채우기 위해 역사책을 뒤져야 하기도 합니다.

여러 경전 중에서도 저에게 그림처럼 다가오는 경전을 뽑으라고 하면, 저는 우선 「바히야의 경」을 들고 싶습니다. 이 경은 초기경전 『우다나(부처님의 감흥어린 시구)』에 실려 있습니다. 이 경에는 저 유명한 "볼 때는 볼 뿐이며, 들을 때는 들을 뿐이며, 감각할 때는 감각할 뿐이며, 인식할 때는 인식할 뿐이다."는 부처님의 가르침이 들어 있습니다. 이 구절은 특히 서양의 명상훈

련에서 자주 인용되고 있습니다.

「바히야의 경」은 바히야 다루찌리야라는 한 현자에 대한 이야기입니다. 경에 따르면, 바히야는 부처님이 활동했던 당시 성자로 추앙받던 사람입니다. 그는 해안가에 살았는데, 명성이 높아 사람들은 음식과 의복과 머물 곳을 보시했습니다. 바히야는 자신이 세상에서 가장 거룩한 사람(아라한)이라고 생각했습니다.

"그때 바히야 다루찌리야가 쑵빠라까의 해안에 살았다. 그는 존경받고 존중받고 섬김받고 공양받고 존숭받으며 의복과 음식과 처소와 필수의약품을 보시받았다. 당시에 바히야 다루찌리야는 멀리 떨어져 홀로 앉아서 마음속으로 사유하며, 이와 같은 생각이 떠올랐다. '나는 이 세상에서 거룩한 님이거나 거룩한 길에 들어선 님이 있다면, 나는 그들 가운데 한 사람이다.'" (「바히야의 경」, 우다나, 전재성 역)

어느 날 바히야는 고따마라는 이름을 가진 '붓다(깨달은 이)'에 대한 소문을 들었습니다. 자신이 성자라고 생각하던 그는 고따마라는 사람을 만나 진리에 대해 묻고 싶은 마음이 일어났습니다. 그는 먼 길을 걸어 부처님이 머무는 승원을 찾아 갔습니다. 그리고 수행승들에게 이렇게 물었습니다.

"존자들이여, 여기 세상에서 존경받는 님, 거룩한 님, 올바로 원만히 깨달은 님은 어디에 계십니까? 저는 세상에서 존경받는 님, 거룩한 님, 올바로 원만히 깨달은 님을 뵙고 싶습니다."

바히야가 부처님을 찾는 말은 매우 겸손하지만, 저는 경전 전체의 흐름을 볼 때, 오히려 누가 더 경지가 높은지 승부를 겨루고 싶어하는 한 늙은 수행자를 떠올렸습니다. 바히야는 논쟁을 해서 그 소문난 아라한이 자기에게 무릎을 꿇는 즐거운 상상을 한 것은 아닐까요? 그렇게 되면 자신의 명성은 더욱 높아지고, 사람들은 이전보다 더 자신을 떠받들지 모릅니다. 그는 자신이 세상에서 가장 거룩한 아라한의 경지에 들었다고 생각하는 사람이기 때문입니다.

수행승들은 부처님은 성안으로 탁발을 떠나 지금 승원에는 없다고 대답했습니다. 그러자 바히야는 더 기다리지 않고 곧장 부처님을 찾아 성안으로 좇아갔습니다. 마침내 그는 싸밧띠 시(사위성) 안에서 탁발을 하고 있는 부처님을 보았습니다. 경전은 바히야가 본 부처님의 모습을 이렇게 전합니다.

"그는 싸밧티 시에서 탁발하시는 세존, 청정하고 경건하고 감관이 고요하고, 마음이 고요하고, 위없는 수련과 멈춤을 이루었고, 길들여지고 수호되고, 감관이 잘 제어된 용을 보았다."

바히야는 만나자마자 부처님에게 이렇게 말했습니다.

"세존이시여, 제가 오랜 세월 유익하고 안녕하도록, 세상에서 존경받는 님께서는 가르침을 주십시오. 올바로 원만히 잘 가신 님께서는 가르침을 주십시오."

경전에서는 바히야가 부처님에게 겸손하게 진리를 묻는 것으로 표현되어 있습니다만, 부처님은 바히야의 얼굴에서 승부욕이 가득한 수행자의 모습을 보았던 것은 아닐까요? 부처님은 지금 도시(싸밧티 사위성)로 탁발하러 가는 길이니 다음에 대화를 하자고 말했습니다. 그러나 바히야는 물러서지 않았습니다. 그는 두 번 세 번 사양하는 부처님을 붙잡고 대화를 고집했습니다. 무슨 말을 하는지 잘 들어보고 그 허실을 찾아내서, 꼼짝 못하게 하겠다고 단단히 마음을 먹었던 것이 분명해 보입니다. 그렇지 않다면 바히야는 승원에서 조용히 부처님을 기다려야 마땅했습니다. 마침내 부처님은 이렇게 말했습니다.

"바히야여, 그렇다면 그대는 이와 같이 배워야 합니다. 볼 때는 볼 뿐이며, 들을 때는 들을 뿐이며, 감각할 때는 감각할 뿐이며, 인식할 때는 인식할 뿐입니다. 바히야여, 그대는 이와 같이 배워야 합니다. 볼 때는 볼 뿐이며, 들을 때는 들을 뿐이며, 감각할 때는 감각할 뿐이며, 인식할 때는 인식할 뿐이므로, 바히야여, 그대는 그것과 함께 있지 않습니다. 그대가 그것과 함께 있지 않으므로, 그대는 그 속에 없습니다. 바히야여, 그대가 그 속에 없으므로, 그대는 이 세상에도 저 세상에도 그리고 그 중간 세상에도 없습니다. 바로 이것이 괴로움의 종식입니다."

그러자 바히야 다루찌리야는 세존으로부터 이 간략한 가르침을 듣고 집착 없이 번뇌에서 마음을 해탈했다. 세존께서는 바히야 다루찌리야를 위해 이러한 간략한 가르침을 베풀고 나서 그곳을 떠났다.

부처님은 바히야에게 보고 듣고 인식하는 가운데 숨어 있는 시비, 승부, 우열을 가리려는 욕망과 집착을 내려놓으라고 말합니다. 시비우열을 가리려는 자아가 있는 한, 볼 때는 있는 대로 볼 수 없으며, 들을 때 있는 그대로 들을 수 없습니다. 더구나 인식할 때 인식에만 집중할 수 없습니다. 보고 들으며 인식하는 마음속에 남을 이기겠다는 자아가 사라져야 고통이 끝난다고 말하는 부처님의 가르침 속에서 우리는 불교의 핵심을 만나게 됩니다. 부처님이 말하는 자아는 누가 옳은지, 그리고 누가 나은지 가리려는 욕망과 집착입니다. 무아無我의 진리는 우열과 시비를 가리려는 욕망과 집착을 끊어버리는 수행이 일어날 때 실현됩니다.

바히야는 부처님에게 단 한 번의 가르침을 듣고 번뇌에서 해탈했습니다. 바히야의 내면에서 뉘우침과 깊은 성찰이 일어난 것입니다. 부처님의 가르침을 살펴볼 때, 부처님은 시시비비에 집착하고 있는 늙은 수행자의 내면을 꿰뚫어 보았다고 하지 않을 수 없습니다.

저는 「바히야의 경」을 읽을 때마다 인도의 아침, 탁발하러 싸밧띠 성으로 고요하게 걸어가는 부처님, 부처님을 붙잡고 논쟁을 거는 늙은 수행자 바히야의 모습, 그리고 두세 번 사양하다 마침내 연민의 눈으로 차분하게 입을 여는 부처님을 상상해 봅니다. 그리고 많은 사람들에게 아라한으로 칭송을 받으면서도 부처님에게 마음을 연 늙은 수행자 바히야를 떠올립니다.

「바히야의 경」은 여기서 그치지 않고 바히야의 최후에 대한 이야기를 들려줍니다. 그 후 바히야는 길에서 어린 새끼를 데리고 있던 어미 암소에 받혀 죽음을 당합니다. 부처님은 이 거룩한 현자를 추모하며 제자들에게 화장을 하고 탑을 세우게 했습니다. 일이 끝나자 제자들은 부처님에게 이렇게 물었습니다.

"세존이시여, 바히야 다루찌리야의 시신은 화장되었고 그의 탑묘도 만들었습니다. 그의 운명은 어떻고 그의 미래는 어떠합니까?"
"수행승들이여, 현자 바히야 다루찌리야는 진리에 따라 가르침을 실천했으며, 가르침을 이유로 나를 괴롭히지 않았다. 수행승들이여, 바히야 다루찌리야는 완전한 열반에 들었다."

수행승들은 주위의 누가 죽으면 으레 어디에 태어나는지 부처님에게 묻곤 했습니다. 삶과 죽음의 고통에서 벗어나는 길을 탐구하고, 탐욕과 분노를 없애야 할 수행승들이 정작 관심을 갖는 것은 다음 생입니다. 윤회는 당시 종교계급인 바라문들과 나아가 인도 일반인들의 종교적 관념이었습니다. 그리고 이 패러다임은 지금도 인도에서 이어지고 있습니다. 부처님은 핵심을 벗어난 이런 질문은 자신을 괴롭히는 질문이라고 말했습니다.

부처님의 가르침은 고통과 고통의 원인, 그리고 열반(적멸)과 열반에 이르는 길(8정도)입니다. 욕망과 집착을 성찰하고 소멸시켜, 불이 꺼진 고요함(열반)을 얻는 것입니다. 부처님은 바히야가 가르침을 실천하여 완전한 열반에 들었다고 말합니다. 그리고 다음과 같은 감흥어린 게송(우다나)을 남겼습니다.

"물도 없고 땅도 없고, 불도 없고 바람도 없다.
거기에는 별도 반짝이지 않고, 태양도 비추지 않는다.
또한 거기에는 달도 빛나지 않고, 어둠도 존재하지 않는다.
성자인 바라문이 스스로 자신의 체험으로 이것을 알면
그는 물질계와 비물질계, 즐거움과 괴로움에서 벗어나리."
(「바히야의 경」, 우다나)

당시 인도인들은 태양에 태어나면 해탈해서 다시 이 세상에 오지 않고, 달에 태어나면 다시 이 세상에 윤회한다고 생각했습니다. 부처님은 바히야는 열반에 들었기 때문에, 다시는 물질계(色界)나 비물질계(無色界) 등의 하늘세계에 태어나는 일이 없다고 말합니다. 당연히 다음 태어날 곳에 대한 기쁨이나 괴로움에서도 벗어났습니다. 열반은 불(욕망)이 다 꺼진 재와 같아서 다시는 다른 곳으로 불이 옮겨가는 일이 없습니다.

부처님은 제자들이 열반을 사후에 가는 어떤 곳으로 잘못 오해하는 일이 없도록 게송을 남겼습니다. 탐욕과 시비, 우열을 가리려는 집착이 사라지고, 다음 생에 대한 두려움이나 기쁨도 일어나지 않으니, 열반은 무아의 진리가 실현된 마음입니다. 바히야가 진리를 듣고 해탈을 얻었듯이, 열반은 스스로 체험하고 스스로 알 수 있다고 부처님은 말했습니다. 불교의 수행에는 이처럼 어떠한 신비나 권위가 없습니다. 부처님의 가르침이 위대한 까닭이 여기에 있다고 하겠습니다.

투명한 지성

 고따마 싯다르타는 언제 침략을 당해 무너질지 모르는 작은 나라의 왕자로 태어났습니다. 정치적으로는 꼬살라국의 지배를 받는 속국이었습니다. 어려서부터 사색에 잠기던 고따마는 한 나라의 왕자이기 때문에 더욱더 나라 안팎에서 벌어지는 전쟁의 참상에 민감했습니다. 미래의 불안은 자신의 장래를 좌우하는 일입니다.

 왕자는 세상의 고통과 혼란에 대해 고민하다 마침내 집을 떠나 구도자의 길을 선택했습니다. 능력이 뛰어나 장차 나라를 부강하게 만들어 주리라 기대했던 아들이 집을 떠나자 부모는 물론 주위 친척들은 모두 슬픔에 잠겼습니다. 초기경전을 보면 부처님은 야밤에 몰래 나온 것이 아니라 부모와 일가친척들이 슬퍼하는 가운데 왕궁을 나섰습니다.

"나는 그때 나이 젊은 청년으로서 맑고 깨끗하고 새까만 머리에 한창 나이인 29세였다. 그때 한없이 즐겁게 유희하고, 화려하게 장식하고 마음대로 돌아다녔다. 나는 그때 부모님이 울부짖고 여러 친척들이 좋아하지 않았지만, 수염과 머리를 깎고, 가사를 입고, 지극한 믿음으로 출가했다."
(「라마경」, 중아함경, 동국역경원)

"내가 나중에 젊은 청년이 되어 칠흑 같은 머리카락을 지니고, 다복하고 혈기왕성한 인생의 청춘에 이르렀으나, 부모를 즐겁게 하지 않고, 그들이 눈물을 흘리고 통곡하는 가운데, 머리를 깎고 가사를 입고 집에서 집 없는 곳으로 출가했다."
(「고귀한 구함의 경」, 맛지마니까야. 전재성 역)

이때는 이미 기존의 질서가 무너지고 전쟁이 횡행하던 시기였습니다. 그 피해는 모두 농민과 하층민에게 돌아갑니다. 사회의 질서를 이끌어가던 기존 종교(바라문)는 현실의 혼란을 외면했습니다. 일부 종교가들은 왕에게 접근해 제사를 지내주며 전쟁을 부추기고, 전리품에 눈독을 들이기도 했습니다. 제사의 규모가 클수록 바라문들에게 돌아오는 이득이 컸으니, 제사는 점차 화려해지고 희생되는 짐승의 숫자도 많아졌습니다.

"한때 세존께서 싸밧티의 제따 숲에 있는 아나타삔디까 승원(사위국 기수급고독원)에 계셨다. 그때 꼬살라국의 빠세나디 왕이 큰 제사를 준비하고 있었다. 5백 마리의 큰 황소와 5백 마리의 수소와 5백 마리의 암소와 5백 마리의 산양과 5백 마리의 양들이 제사를 위해 기둥에 묶여 있었다. 또한 왕의 노예와 심부름꾼과 하인이 있었는데, 그들은 짐승을 도살할 것을 두려워하여, 공포에 떨며 슬픈 얼굴로 울면서 제사 준비를 하고 있었다."(「제사의 경」, 쌍윳따니까야, 전재성 역)

현실에 실망한 지성들은 기존의 종교를 거부하고 집을 떠나 머리를 깎고 무소유와 불살생의 삶을 살았습니다. 고따마도 왕궁을 떠나 이런 사람들(사문沙門, sramana)의 대열에 합류했습니다.

부처님이 살던 당시 인도에서는 현실의 고통이 전생에 지은 업 때문이라고 보는 사람이 많았습니다. 이들은 주로 전통종교를 지켜온 바라문들입니다. 또 한편에서는 집을 떠나 떠돌아다니면서 새로운 비전을 꿈꾸는 사람들이 있었는데, 이들은 명상을 하거나, 신체적 학대를 통해 미움과 폭력에서 벗어난다고 생각하는 고행주의자이거나, 또는 모든 것을 의심하는 회의주의자였습니다.

고통이 전생의 악업에서 왔다고 보는 바라문들은 사람들에게 미래의 안전을 위해 땅이나 재물을 기부하도록 부추겼습니다. 특히 땅을 보시하면 큰 복을 얻는다고 말해 많은 토지를 챙겼습니다. 바라문들은 기부행사를 장엄하게 만들기 위해 제사의 규모와 형식을 새로 만들어내기도 했습니다. 주문도 이때 많이 만들어졌습니다. 이에 반해 고행주의자들은 신체적 학대를 얼마나 가혹하게 하느냐에 따라 인간의 정화가 좌우된다고 믿어 다양하게 고통을 경험하려고 노력했습니다. 이들은 오랫동안 밥을 굶거나 더위나 추위에 알몸으로 지내는 등 고행의 길을 걸었습니다.

회의주의자들은 전통적인 도덕을 거부하고, 논리적인 모순을 이용하여 지식의 의미를 부정하였습니다. 이들은 급기야 도덕적 인과마저 거부하게 됩니다. 2차대전과 베트남 전쟁 이후 서구의 젊은이들이 전쟁을 거부하고 기존 사회에의 편입마저 거부하며 히피가 되었던 것과 비슷하다고 하겠습니다.

집을 나선 고따마는 스승(알랄라 깔라마와 웃다까 라마뿟따)을 차례로 찾아 먼저 선정을 닦았습니다. 그러나 함께 살며 목격한 그들의 삶을 보고는 실망했습니다. 스승들은 선정에 들어 있을 때는 번뇌를 여의는 듯했지만, 실제 삶 속에서는 여전히 분노와 교만이 살아 있었던 것입니다. 선정의 스승들은 수행이 뛰어난 고따마에게 함께 대중을 지도하자고 제안했지만, 청년 고따마는 단호하게 이들을 떠났습니다.

어느 때 꼬살라국 빠세나디(파사익) 왕과 부처님이 함께 있었던 적이 있었습니다. 마침 여러 명의 고행자가 옆을 지나가고 있었습니다. 그들은 오랜 세월 수행에 전념하여 겉모습만 보아도 머리를 숙이게 할 만하였습니다. 이들에게 합장하며 경의를 표한 빠세나디 왕은 부처님에게 저 사람들이 참된 수행자인지 아닌지 어떻게 가려 볼 수 있느냐고 물었습니다. 젊은 부처님은 이렇게 대답했습니다.

"대왕이여, 그들이 계율을 지니고 있는가 없는가 하는 것은 함께 살아보아야 알 수 있습니다. 그것도 오랫동안 같이 살아 보아야 알지, 짧은 동안에는 알 수 없습니다. 대왕이여, 그들이 청정한가 하는 것은 같이 대화를 해 보아야 알 수 있습니다. 그것도 오랫동안 대화를 해야 알지, 짧은 동안에는 알 수 없습니다. 대왕이여, 그들이 흔들림이 있는가 없는가 하는 것은 같이 재난을 만났을 때 알 수가 있습니다. 그것도 오랫동안 재난을 만났을 때 알지, 짧은 동안에는 알 수 없습니다. 대왕이여, 그들이 지혜가 있는가 하는 것은 논의를 통해서 알 수가 있습니다. 그것도 오랫동안 논의를 함으로써 알지, 짧은 동안에는 알 수 없습니다. 이 모든 것에 주의가 깊어야 알지 주의가 깊지 않으면 알 수 없습니다. 지혜로워야 알지 우둔하면 알 수 없습니다." (「일곱 명의 결발행자의 경」요약, 쌍윳따니까야)

부처님의 말은 당시 선정의 스승을 따라 수행을 한 경험에서 나온 것이라고 할 수 있습니다. 실망한 고따마는 고행자의 무리에 합류했습니다.

"나는 하루에 한 번 식사를 했고, 이틀에 한 번 식사를 했고, 사흘에 한 번 식사를 했고, 칠 일에 한 번, 나아가 보름에 한 번 식사를 했다. 나는 숲속의 나무뿌리나 열매로 연명을 하였다. 나는 한겨울 차가운 밤 서리가 내릴 때면 노천에서 밤을 지새우고, 숲에서 낮을 보냈다. 뜨거운 여름의 마지막 밤에는 노천에서 낮을 보내고 숲에서 밤을 보냈다. 나는 죽은 자의 뼈를 베개 삼아 무덤가에서 잤다. 소치는 아이들이 다가와 내게 침을 뱉고 오줌을 싸고 나의 귀에 막대기를 넣었다. 나는 하루 한 개의 열매를 먹었다. 그러자 나의 머리 가죽은 주름져 시들고, 나의 창자는 등에 붙어버려 창자를 만지면 등뼈와 만났고, 등뼈를 만지면 창자와 만났다. 그렇게 적은 음식 때문에 나는 똥이나 오줌을 누려 하면 머리가 앞으로 꼬꾸라

졌다. 그러나 나는 이러한 고행의 실천으로도 인간을 뛰어넘는 법, 고귀한 이들이 갖추어야 할 탁월한 앎과 봄을 성취하지 못했다."(「사자후에 대한 큰 경」 요약, 맛지마니까야, 전재성 역)

고따마는 이들의 한계를 경험하고 설산을 떠나 스스로 독자적인 길을 걷기에 이릅니다. 고따마가 고행을 포기하자 함께 수행하던 고행자들은 '타락한 수행자'라고 비난했습니다. 부처님이 깨달음을 얻고 나서, 함께 고행을 닦던 옛 수행자들을 찾아 녹야원에 갔을 때, 그들(다섯 명의 고행자, 5비구)은 부처님을 이렇게 모욕했습니다.

"여러분, 우리는 마땅히 알아야 한다. 저 사문 고따마가 온다. 그는 욕심이 많고 구하는 것이 많다. 맛있는 음식과 좋은 쌀밥, 보릿가루, 우유죽, 꿀을 먹고, 삼씨기름을 몸에 바른다. 지금 그가 다시 오고 있으나, 우리들은 아예 일어나 맞이하지도 말고, 또한 예도 올리지 말며, 미리 자리를 준비하여 앉기를 청하지도 말자. 그리고 그가 오거든 그대가 앉고 싶다면 마음대로 하라고 말하자."
그들은 부처님에게 말했다.
"그대 고따마여, 그대는 이전에 그러한 행과 그러한 도의 자취와 그러한 고행을 하고서도 오히려 사람의 법을 벗어난 지극히 거룩한 앎과 소견에 들어갈 수 없었다. 하물며 욕심이 많고 구하는 것이 많아 맛있는 음식과 좋은 쌀밥, 보릿가루, 우유죽, 꿀을 먹으며 삼씨기름을 몸에 바르는 오늘에 있어서 이겠는가?"(「라마경」, 중아함경, 동국역경원)

고행자들은 부처님을 그냥 고따마라고 하대해서 부릅니다. 쌀밥과 우유죽을 먹는다는 말은 부처님이 고행을 중단하고 수자타에게서 우유죽을 얻어먹은 일을 욕한 것입니다. 설산을 떠난 부처님은 바람이 시원하여 사색하기에 적당하고 인근에 마을이 있어서 탁발하기 좋은 네란자라 강가에 자리를 정했습니다. (여기서 부처님은 연기법의 진리를 깨달았습니다) 그러나 고행자들의 입장에서는 네란자라 강가에서 머무는 것은 용납할 수 없는 타락입니다.

부처님은 스스로 자신의 내면에서 들리는 소리에 마음을 열었습니다. 극한적인 고행을 한 부처님으로서는 고행자로서도 존경을 받을 수 있었지만, 스스로 자신에게 어떤 깨달음도 일어나지 않았다는 사실을 정직하게 받아들인 것입니다. 세상을 살수록 이런 결단이 얼마나 힘든 일인지 절감합니다.

수행을 하다보면, 누구나 자기의 수행에 대해 자부심을 갖게 됩니다. 수행자에게 자부심이 일어나는 것은 자연스러운 일입니다. 그러나 자부심은 자칫 자기가 속한 단체에 대한 맹목적인 신뢰나 충성으로 변질되기 쉽습니다. 단체에 비리가 있거나 수행 현실에 문제가 있는 것을 발견해도 눈을 감습니다. 단체에서 누리는 기득권은 이처럼 수행자에게는 큰 유혹이요 독입니다.

바라문들의 위선과 고행자들의 허구를 통찰한 부처님은 세 가지 관념(견해)을 버릴 수 있어야 진정한 수행자(성인聖人)의 대열에 들 수 있다고 했습니다. 불교에 귀의하여 처음 얻는 성과聖果를 교리적으로는 수다원(입류入流, 성인의 반열에 들어감)이라고 합니다. 수다원과를 얻기 위해 버려야 할 세 가지 견해는, ①규범과 금계(금기, 터부)에 대한 집착(계금취견戒禁取見), ②몸속에 자아가 있다는 생각(유신견有身見), 그리고 ③매사를 의심하는 회의(매사의 의심疑心)입니다.

수다원과는 단순히 수행의 단계로 이해하기보다, 당시 바라문이나 유행자들의 가르침을 버리고 부처님과 그 가르침에 귀의하는 첫 결단으로 보아야 그 뜻을 더 잘 이해할 수 있습니다. 몇 겁을 닦아야 얻어지는 것이 아니라, 지금 여기에서, 외도의 견해를 버리는 결단을 통해 얻어집니다. 무상과 무아의 진리와 팔정도 등 부처님의 가르침은 위 세 가지 견해를 버리지 않는 한, 받아들일 수 없기 때문입니다. 『쌍윳따니까야』의 「싸라까나의 경」에서 볼 수 있듯이, 세속에 살면서 술을 먹어도 부처님의 가르침을 따르는 재가신도를 부처님이 수다원과를 얻었다고 한 것도 그 한 예입니다.

부처님의 가르침을 생각하면서 오늘 우리의 현실을 되돌아보게 됩니다. 우리 불교에도 부처님이 경계하던 세 가지 견해가 자리 잡고 있는 것은 아닌지 묻지 않을 수 없습니다. 불합리한 권위, 맹목적인 고행과 기복의식, 두려움을 이기기 위해 신비한 힘에 의지하는 태도는 결국 우리 스스로 자유로운 지성을 포기하는 것과 다름이 없습니다.

고따마는 탐욕과 분노에서 벗어나는 길을 찾아 스스로 깨달은 사람(붓다)이 되었습니다. 자신의 내면을 정직하게 성찰하는 일은 누구에게도 쉽지 않습니다. 여러 스승을 찾아 선정과 고행을 닦으면서도, 맑고 투명한 지성을 잃지 않고 자신에게 정직했던 부처님은 교만, 권위, 맹목적 추종과 신비주의에 빠지기 쉬운 오늘 우리에게 수행의 기본이 무엇인지 일깨워줍니다.

지금 곧 왕이 되소서

현재 티베트 망명정부의 대통령 달라이라마는 제14대 달라이라마입니다. 14대까지 승왕僧王제도가 계속 이어지는 것은 죽은 달라이라마가 계속 환생한다는 믿음이 있기 때문입니다. 현 달라이라마의 어머니 디끼체링이 구술한 책 『나의 아들 달라이라마』에는 자신의 아들이 어떻게 환생자로 확인되었는지 자세히 전해줍니다.

티베트에서는 달라이라마가 죽으면 그가 다시 태어난 곳을 찾기 위해서 고승들이 '라모라초' 호수로 가서 기도와 명상을 합니다. 그러면 호수 표면에 어떤 암시가 나타난다고 합니다. 이렇게 해서 일련의 후보자들을 찾으면 어린 후보자들에게 죽은 달라이라마가 쓰던 물건을 보여주며 골라내게 합니다. 어머니 디끼체링에 의하면, 어린 달라이라마는 전대의 달라이라마가 남겨

놓은 이빨상자를 찾아내기도 했습니다. 현 달라이라마는 이와 같은 여러 테스트를 거쳐서 최종적으로 달라이라마로 확정되었습니다.

중국 공산당 정부는 물론 이 제도를 인정하지 않습니다. 티베트 민중을 영구히 독점적으로 지배하기 위해 자식이 없는 승려가 꾸며낸 거짓 이념이라고 의심합니다. 달라이라마 왕정의 역사를 연구한 학자들도 역대 달라이라마 중에는 품격이 떨어진 사람이 적지 않은 사실을 지적하고 있습니다. 어린 달라이라마를 앞세우고 나이 많은 정치가(물론 그 종파의 스님입니다)들이 정치적, 종교적 권한을 행사하는 섭정을 한 것은, 결국 특정 종파의 정치적 권위와 기득권을 유지하기 위한 방편으로서 환생제도가 이용되었다는 사실을 보여줍니다.

대승불교의 가르침에 따르면, 보살은 중생을 제도하려는 원력으로 다시 이 세상에 옵니다. 그러나 보살이 이 세상에 올 때, 꼭 승왕僧王으로 와야 중생을 제도할 수 있는지 의문이 없지 않습니다. 『유마경』(불도품)에는 보살은 하인이나 병자로도 나타납니다. 다행히 초기경전에 보면 이런 의문을 조금이나마 풀 수 있습니다. 「작왕경」에는 부처님에게 왕이 되어 달라고 권하는 청년이 나타납니다.

이와 같이 나는 들었다. 어느 때 부처님께서 석씨의 석주라는 석씨 마을에 계셨다. 그때 세존께서는 혼자서 고요한 곳에서 선정에 들어 '왕이 되어서도 살생하지 않고, 남을 시켜서도 살생하게 하지 않으며, 한결같이 법대로 행하고, 법 아닌 것은 행하지 않을 수 있을까?' 하고 생각하셨다. (중략)

그때 악마 파순은 곧 젊은 사람으로 변화하여 부처님 앞에 서서 이렇게 말했다.

"그렇습니다. 세존이시여, 왕이 되어서도 살생하지 않고 남을 시켜 살생하게 하지도 않으며, 한결같이 법대로 행하고, 법 아닌 것은 행하지 않을 수 있습니다. 세존께서는 지금 곧 왕이 되소서. 반드시 뜻대로 될 것입니다."

그때 세존께서 '이것은 악마 파순이 나를 교란시키기 위해서 하는 짓이다.'라고 생각하시고, 곧 마왕에게 말씀하셨다. (중략)

"나는 국왕이 되고 싶은 마음이 전혀 없다. 그러니 어떻게 왕이 되겠는가? 나는 또한 설산을 순금으로 변하게 하고 싶은 마음이 전혀 없다. 그런데 어떻게 변하겠는가?"

그때 세존께서 곧 게송으로 말씀하셨다.

설령 여기에 저 설산만한
순금 덩어리가 있다고 하자.
어떤 사람이 그 금을 얻는다 해도

그래도 만족할 줄 모를 것이다.
그러므로 지혜로운 사람은
금과 돌을 동일하게 본다.

(「작왕경作王經」, 잡아함경, 동국역경원)

역사를 통해 우리는 '세상을 위해서 또는 새로운 정치를 위해서'라는 명분으로 권력을 잡은 사람의 최후가 어떠했는지 잘 알고 있습니다. 황금을 돌처럼 보는 것은 누구에게나 쉽지 않습니다. 왕이 되라고 권한 청년의 간청을 부처님은 악마의 유혹이라고 보았습니다. 부처님이 이렇게 말씀한 것은 부처님이 출가 전에 왕자로 있으면서 겪은 정치적 경험에서 나온 것이 아닌가 합니다.

부처님이 왕자의 지위를 버리고 출가한 까닭은 무엇일까요? 당신이 누릴 수 있는 기득권을 버릴 수 있었던 것은 어떤 생각이 있었기 때문인지요? 다음은 어린 수행자들에게 출가의 의미를 일깨운 부처님의 법문입니다. 주석에 의하면, 비구들이 앉거나 눕는 깔개를 나누면서 서로 소란을 일으켰기 때문에 이 법문을 했습니다.

부처님이 까필라밧투의 니그로다 승원에 계셨을 때였다. 부처님은 이른 아침에 수행승들을 크게 꾸짖으셨다. 수행승들을 꾸짖으신 후, 부처님은 아침 탁발을 마치고 숲속 나무 밑에서 혼자 앉아 계셨다. 그때 부처님에게 출가한 지 얼마 되지 않은 수행승들이 떠올랐다. 그리고 이렇게 생각하셨다.

'내가 수행승의 무리를 꾸짖었지만, 이 세상에는 가르침과 계율에 들어온 지 얼마 되지 않은 새내기 수행승들이 있다. 마치 어린 씨앗이 물을 얻지 못하면 움츠러들고 싹이 트지 못하는 것처럼, 그들이 나를 보지 못하면 움츠러들고 싹이 트지 못할 것이다.'

이렇게 생각하고 부처님은 새내기 수행승들을 찾아갔다.

"수행승들이여, 이 탁발이라는 것은 삶의 끝이다. 세상에는 '손에 바루나 들고 다녀라!'라고 하는 저주가 있다. 그러나 수행승들이여, 훌륭한 아들들은 타당하고 합리적인 이유가 있어 그러한 삶을 선택한 것이다. 왕이 강요한다고 그런 것이 아니고, 강도가 강요한다고 그런 것이 아니고, 빚을 졌기 때문에 그런 것도 아니고, 두려움 때문에 그런 것도 아니고, 목숨을 연명하기 위해 그런 것도 아니다. 그러나 그들은 '나는 태어남, 늙음, 죽음, 우울, 슬픔, 고통, 비탄과 절망에 떨어졌다. 괴로움에 떨어져 괴로움에 둘러싸여 있다. 적어도 괴로움의 다발들이 종식되어야 한다.'고 생각해서 그렇게 한 것이다." (「걸식의 경」, 쌍윳따니까야 / 「삶의 경」, 이띠붓따까, 전재성 역)

한 사회학자는 21세기의 큰 특징 중의 하나로 '사제의 시대'를 꼽았습니다. 신부, 목사, 스님 등 종교의 직책을 맡은 사람의 영향력이 그 어느 시대보다 커졌습니다. 종교인들이 부와 권력을 행사하거나 그 정치적 영향권에서 살 수밖에 없는 현실이 된 것입니다. 황금을 돌처럼 보아야 할 출가수행자로서는 더 없이 큰 도전에 직면해 있습니다. 그러므로 그 어느 때보다 성찰이 필요한 시대라고 할 수 있습니다. 그러나 부와 권력을 유지하는 데 필요한 것은 내면을 성찰하는 가슴이 아니라 밖으로 손익을 따지는 머리라는 현실 앞에서, 종교권력은 가야 할 길을 잃고 방황하고 있는 것처럼 보입니다. 오히려 종교 간의 경쟁이나 교세의 확장을 목표로 내세우면서 내적인 갈등과 모순을 외면하거나 은폐하는 것은 아닌지요. 숨기고 외면할수록 영악한 사람들이 교단의 권력을 차지합니다.

부처님은 출가하면서 가장 천한 거지의 삶을 선택했습니다. 얻어먹는 것은 사람이 다다르는 마지막 선택입니다. 부처님 말씀대로, 수행자가 출가하는 것은 누가 시켜서도 아니요, 더구나 빚이 있거나, 먹고 살기 힘들어서도 아닙니다. 오직 고통에서 벗어나는 해탈과 깨달음의 길을 구하기 위해서 입니다. 밥그릇을 들고 다닌다고 경멸과 모욕을 받으면서도 거지의 삶을 사는 것은, 자기를 내려놓아야 진정한 수행을 할 수 있기 때문입니다.

부와 권력의 유혹 앞에 자신을 지키기 어려운 현실을 볼 때마다, 왕자의 지위를 포기하고 집을 나선 부처님을 생각합니다.

병든 비구

경전을 읽다보면 부처님과 제자들이 어떻게 살았는지 구체적인 모습을 만날 때가 있습니다. 그분들이 현실에서 어떤 갈등을 겪었으며, 그 고통에서 어떻게 벗어났는지 전후 사정을 짐작하게 되면, 지금 바로 눈앞에서 벌어지는 현실을 보는 것과 같은 감동이 일어납니다. 구름이 걷히며 달이 모습을 드러내는 듯, 지금까지 관념적으로 혹은 막연하게 알고 있던 부처님의 가르침이 살아서 다가오는 기쁨을 누립니다. 경전 중에서도 특히 초기경전을 읽는 보람이 여기에 있다고 하겠습니다.

『증일아함경』제40권「구중생거품」이 그 한 예입니다. 부처님이 왕사성 가란다 숲 승원에 있었을 때입니다. 한 비구가 병이 심해 누운 채로 대소변을 보면서 저 혼자서는 잘 일어나지도 못하였습니다. 게다가 곁에서 돌봐주는 비구도 없었습니다. 당시 숲에서 4, 5킬로미터 떨어진 동네로 가서 탁발을 해야 먹을 수 있었던 출가자로서는 여러 날을 굶주렸을 것이 분명합니다. 그는 밤낮으로 부처님을 찾았습니다. 마침내 소문을 들은 부처님은 직접 그 비구를 찾았습니다. 비구의 안부를 물은 뒤, 부처님은 이렇게 물었습니다.

"그대는 지난 날 병들기 전에 병자들을 찾아가 문병한 일이 있는가?"
"병자들을 찾아가 문병한 적이 없습니다."

지혜와 자비를 가르치는 당신의 교단에서 어찌 이런 일이 일어날 수 있을까요? 상황을 짐작한 부처님은 손수 그 비구를 간호하셨는데, 경전에 나오는 표현이 하도 사실적이라, 읽는 이의 옷깃을 여미게 합니다.

"부처님은 그 비구에게 말씀하셨다.
'비구여, 그대는 이제 두려워하지 말라. 내가 직접 그대를 공양하며 조금도 불편함이 없도록 하겠다.'
그때 세존께서 손수 더러운 것들을 치우고 다시 좌구를 까셨다. 손수 비를 들고 더러운 오물을 치우고 다시 자리를 깔아주셨다. 또 그의 옷을 빨고 병든 비구를 부축해 앉히고 깨끗한 물로 목욕을 시켰다. 그 비구를 목욕시킨 뒤에 평상 위에 앉히고 손수 밥을 먹여주셨다. 부처님은 밥을 다 먹은 비구에게 12연기법을 가르치셨다."
(「구중생거품」, 증일아함경, 동국역경원)

12연기는 초기불교의 가장 중요한 법문 중의 하나입니다. 12연기법은 감각적 쾌락이나 소유에 집착하면 마침내 생로병사에 묶이고 우울, 슬픔, 고통, 번뇌(憂悲苦惱)의 괴로움에 떨어지는, 욕망과 집착에 대한 가르침입니다. 연기법은 탐욕과 분노로 자기와 남에게 고통을 준 일을 진지하게 참회하는 사람에게 해탈의 길을 열어줍니다. 병든 비구를 찾은 다음, 부처님은 대중을 불러 모아 이렇게 당부했습니다.

"여러분들은 출가한 자로서 같은 스승 아래 물과 우유처럼 서로 화합한 자들이다. 그런데도 서로를 보살피지 않는구나. 지금부터는 부디 서로 보살피도록 하라. 병자를 돌보는 것은 나를 돌보는 것과 다름이 없다."

부처님은 아들을 잃고 머리를 산발한 채 떠돌아다니는 여인에게도 슬픔을 넘어서는 진리를 가르쳤습니다. 그녀는 여러 해를 굶주리며 떠돌아다녔고, 사람들이 외면할 정도로 겉모습이 초라했습니다.

"아들의 죽음으로 슬픔에 빠지고, 마음이 혼란하여, 알몸으로 머리를 산발한 채, 나는 여기저기를 떠돌아다녔습니다. 쓰레기더미와 공동묘지, 그리고 큰 길에서 3년 동안 굶주림과 갈증으로 떠돌아다녔습니다.

길들여지지 않은 사람을 길들이는 사람, 깨달은 분, 아무 두려움도 없는 훌륭한 나그네(부처님)께서 미틸라 시에 오신 것을 보았습니다. 마음을 다시 다잡고 그분에게 예배를 올리고는, 저는 자리에 앉았습니다.

자비로움을 베푸시며 고따마(부처님)께서는 저에게 진리를 가르쳐 주셨습니다. 진리를 듣고서는 저는 집 없는 삶(출가의 길)으로 나아갔습니다. 스승님의 가르침대로 내 자신을 닦아서, 나는 행복한 경지를 실현했습니다. 모든 슬픔은 끊어지고 사라져, 이로써 끝냈습니다. 나는 슬픔이 일어나는 뿌리를 이해했기 때문입니다."(「테리가타」 바싯티 비구니 편, 민족사 역 참조)

바싯티 비구니에게 부처님이 무슨 가르침을 주었는지 위 경전에서는 나타나 있지 않습니다만, 초기경전 속에서 가장 이 주제에 가까운 법문을 찾아보면 다음 구절입니다.

"'이것은 내 것이다' 또는 '이것은 어떤 다른 자의 것이다' 하는 생각이 없다면, '내 것이라는 것'이 없으므로, 그는 '나에게 없다'고 해서 슬퍼하지 않습니다."
(「폭력을 휘두르는 자에 대한 경」, 숫타니파타)

「테리가타」(장로니게 경)에는 또 다른 한 비구니가 어떻게 수행자의 길에 들어섰는지 자기의 고백을 싣고 있습니다. 웃비리 비구니는 출가 전에 사랑하는 딸 지바를 잃었습니다. 그녀는 화장터를 떠나지 못하고 숲속에서 혼자 울다가 부처님을 만났습니다.

부처님이 말씀하셨다.
"그대는 '지바야!'라고 외치며 숲속에서 울고 있구나. 웃비리여, 그대 자신을 알아. 똑같이 지바라는 이름을 가진 8만4천이나 되는 딸들이 이 화장터의 불 속에서 화장되었건만, 그중에 누구를 그대는 서러워하고 있는가?"
웃비리가 부처님에게 말씀드렸다.
"참으로 부처님은 제 가슴 깊이 박혀, 잘 보이지 않는 화살을 뽑아주셨습니다. 딸 때문에 슬픔에 잠겨 있는 저에게 슬픔을 없애 주셨습니다. 지금 저는 화살을 뽑아냈습니다. 저는 굶주림(갈애)에서 벗어나 평안을 얻었습니다. 저는 부처님과 법과 승단에 귀의합니다."

(「테리가타」 웃비리 비구니편, 민족사 역 참조)

경전 속에 나오는 부처님을 보면 남녀를 차별하거나 위계질서를 따지는 권위의식을 전혀 찾아볼 수 없습니다. 제자들은 사람들에게 부처님을 이렇게 알리고 다녔습니다.

"여러분은 마땅히 알아야만 합니다. 여래께서 이 세상에 나타나셨습니다. 그분은 항복하지 않는 이를 항복 받으시고, 건너지 못한 이를 건네주시며, 해탈하지 못한 이를 해탈하도록 길을 알려 주시고, 아무도 구해주지 않는 사람을 보살펴 주시며, 장님에게는 눈이 되어 주십니다." (「고당품」, 증일아함경)

부처님의 삶을 보고, 오늘 우리의 현실을 보면 참으로 민망합니다. 세상에 대한 무관심 속에 기복적 종교행위가 만연하며, 현실의 삶을 외면한 자기도취적 수행이 큰 소리를 내고 있습니다. 또한 세속의 한계를 밝히고 그 어두운 상처를 치유해야 할 수행자들이, 비록 일부이지만, 속세에서 안주하려는 경향을 보여주기도 합니다. 2016년 한국불교를 떠나겠다고 폭탄 선언한 미국인 현각 스님은 한국불교의 모순을 기복위주의 종교생활, 유교적 위계질서, 남녀·국적 차별과 도덕적 타락 등을 들었습니다.

병든 이웃을 찾아간 적이 있느냐고 묻는 부처님의 물음은 오늘 우리에게도 천둥 같은 경책입니다. 우리 역시 위선과 오만의 현실을 지탱하는 무명無明의 한 부분임을 고백하지 않을 수 없습니다.

따돌림을 당하는 병든 비구를 찾아가 손수 밥을 먹여주시고 연기법을 설해주신 부처님, 자식을 잃고 떠돌아다니는 거지여인에게 무아의 진리를 깨우쳐주신 부처님, 자비와 연민으로 가득한 그분의 삶과 가르침을 생각할수록, 삶과 죽음에서 자유로운 한 진실한 수행자를 스승으로 따르는 기쁨에 가슴이 두근거립니다.

행복한 수행

바람에 날리며 우수수 떨어지는 낙엽이 가을 햇빛에 눈이 부십니다. 남한산성 장경사에 차를 세우고 뒤를 돌아다보니 온 산에 단풍이 곱게 물들었네요. 옛 시에서 읽은 만산홍엽滿山紅葉이 실감났습니다.

가을 산에 들면, 우리의 몸은 기쁨으로 가득하고 마음은 새털처럼 가벼워집니다. 사람들의 탄성도 정겹습니다. 황홀한 가운데 흘러나오는 감탄사에는 꾸밈이 없습니다. 남녀노소의 구별이 없고, 학력이나 빈부의 차별이 없습니다. 나무와 숲이 보여주는 광경 앞에서 사람은 자기도 모르게 자연과 하나가 됩니다. 시름없이 바라다보면, 굳어진 얼굴이 펴지고, 어릴 때의 표정이 살아납니다. 새삼 인간은 모두 자연의 산물이며, 감정을 서로 나누는 존재임을 깨닫습니다.

가을은 하나의 잎이 단풍과 낙엽으로 변해가는 모습을 모두 보여줍니다. 단풍과 낙엽은 같은 몸이지만, 어찌 그리 다른 느낌을 불러오는지요? 단풍은 잃어버린 감성을 회복하게 해주지만, 낙엽은 삶과 죽음을 되돌아보게 합니다. 어느 스승이 이처럼 기쁨과 감성과 지성을 다 얻게 해줄까요?

남한산성을 내려오며, 불교의 선(禪定, 올바른 집중)을 생각했습니다. 부처님은 선을 네 단계(사선정四禪定)로 나누었습니다. 첫째 선정에서 수행자는 외진 곳에서 앉아 번뇌를 멀리하며 희열과 행복을 얻습니다. 둘째 선정에서는 마음이 고요해지면서 내적인 평온과 마음의 통일을 얻습니다. 셋째 선정에서는 희열이 사라진 뒤, 평정하고 새김이 있고, 욕망과 집착을 올바로 알아차리며 행복을 느낍니다. 마지막 넷째 선정에서는 행복도 고통도 버려지고, 기쁨도 근심도 사라진 뒤, 평정하고 새김이 있고 청정한 단계에 들어갑니다. 여기서 새김이란 무상과 무아를 이해하는 지성입니다.

위 네 가지 단계의 선정은 곧 팔정도의 마지막 항목인 정정(正定; 올바른 집중)을 뜻합니다. 부처님은 '올바른 집중'에 대해 이렇게 법문했습니다.

"수행승들이여, 올바른 집중이란 무엇인가?

수행승들이여, 세상에 수행승이

① 감각적 쾌락의 욕망을 여의고 악하고 불건전한 상태에서 떠난 뒤, 사유와 숙고를 갖추고 멀리 여읨에서 생겨나는 희열과 행복을 갖춘 첫 번째 선정에 들고

② 사유와 숙고가 멈추어진 뒤, 내적인 평온과 마음의 통일을 이루고, 사유와 숙고를 여의어, 삼매에서 생겨나는 희열과 행복을 갖춘 두 번째 선정에 들고

③ 희열이 사라진 뒤, 평정하고 새김이 있고 올바로 알아차리며 신체적으로 행복을 느끼며 고귀한 님들이 '평정하고 새김이 있고 행복하다'고 표현하는 세 번째 선정에 들고

④ 행복도 고통도 버려지고, 기쁨도 근심도 사라진 뒤, 괴로움도 없고 즐거움도 없는 평정하고 새김이 있고 청정한 네 번째 선정에 든다면,

수행승들이여, 이것을 올바른 집중이라고 한다."

(「분별의 경」, 쌍윳따니까야, 전재성 역)

초기불교의 선을 생각하며 그 과정이 마치 가을 단풍을 보는 것과 같다는 생각이 들었습니다. 단풍을 보며 잠시나마 시름에서 벗어나 기쁨을 느끼는 것은 첫째와 둘째 선정에 비길 수 있습니다. 낙엽을 보며 삶과 죽음을 생각하는 것은 각각 셋째 선정에

서 몸에서 행복한 느낌이 일어나 자연스러운 각성이 일어나며, 나아가 넷째 선정에서 무상과 무아의 진리를 기억하고 올바로 알아차리는 과정과 비슷합니다. 가을이 오면 자기도 모르게 사색에 잠기듯이, 선의 원래 모습은 이토록 기쁨과 행복을 소중이 여기며, 지성을 얻어가는 자연스러운 과정입니다.

 오늘 우리 주위를 돌아보면 참으로 착잡합니다. 자신의 수행 경력이나 고행을 내세우거나, 경전에 대한 학식을 자랑하지만, 메마른 느낌을 주는 수행자가 적지 않습니다. 부처님은 설산에서의 고행을 버리고, 시원한 바람과 그늘이 있는 네란자라 강가 보리수 아래에서 자리를 잡았습니다. 고통스러운 단식을 버리고 우유죽을 탁발해서 먹었습니다. 당시 수행의 흐름은 고행이었지만, 부처님은 선정 가운데 일어나는 기쁨을 받아들인 것입니다. 이러한 태도는 외도 특히 고행주의자들에게 심한 비난을 받았습니다. 그들은 탁발하는 부처님을 음식을 탐한다고 비난하고, 고요히 사색하는 모습을 게으르다고 조롱했습니다.

 선정의 기쁨은 극단적인 고행과 감각적 쾌락을 추구하는 당시 수행의 양극단을 멀리 벗어나는 중도中道입니다. 그러므로 중도는 양 극단을 적당히 섞어놓은 중간이 아니라, 전혀 새로운 제3의 길입니다. 부처님이 고행을 버리고 선정의 기쁨을 받아들인 까닭을 곰곰이 생각해 봅니다. 온 세상 수행자들이 고행을 주장할 때 홀로 내면의 기쁨에 귀를 기울이는 것은 얼마나 어렵고 용기가 필요한 일인지요.

시간의 그늘

대저 제행무상諸行無常이 가장 크게 느껴질 때는 사람이 늙고 죽을 때입니다. 돌아가신 분이 쓰던 물건을 보면, 쓴 사람은 지금 없고, 오직 물건만 남아 있습니다. 상갓집에 다녀오는 길이면 누구나 세상에 '나와 내 것'이 없다는 부처님의 말씀을 절감하게 됩니다. 늙고 죽음은 부처님도 피할 수 없습니다. 「늙음의 경」은 부처님의 노년에 일어난 한 장면을 보여줍니다.

한때 세존께서는 싸밧티 시의 뿝바라마에 있는 미가라마뚜 강당에 계셨다. 그때 세존께서는 홀로 고요히 명상하다가 저녁 무렵에 일어나 서쪽의 양지에 앉아 등을 따뜻하게 하고 계셨다. 존자 아난다는 세존께 가까이 다가와 인사를 드리고 세존의 두 손과 두 발을 만지며 이와 같이 말씀드렸다.
"세존이시여, 아주 놀라운 일입니다. 세존이시여, 일찍이 없었던 일입니다. 이제 세존의 안색은 청정하거나 고결하지 못하고, 사지가 모두 이완되어 주름이 지고, 몸이 앞으로 기울고, 시각·청각·후각·미각·촉각 능력의 모든 능력이 변화의 조짐을 보입니다." (「늙음의 경」, 쌍윳따니까야, 전재성 역)

이 글을 천천히 들여다보면, 연로하신 부처님의 모습이 눈으로 보는 듯 선명하게 떠오릅니다. 양지에 앉아 등을 따뜻하게 하고 있는 모습은 전형적인 노인의 모습입니다. 사지가 모두 이완되어 주름이 지고, 몸이 앞으로 기울었다고 아난존자가 말하자, 부처님은 다음과 같이 시를 읊었습니다.

부끄러워할지어다. 가련한 늙음이여,
추한 모습을 드러내는 늙음이여.
잠시 즐겁게 해주는 사람의 영상
늙어감에 따라 산산이 부서지네.
백세를 살더라도 결국
죽음을 궁극적인 것으로 할 뿐
누구도 예외로 하지 않고
죽음은 모든 것을 부수어 버리네.

늙음과 죽음을 담담하게 바라보는 부처님의 시 속에 무상과 무아의 진리를 꿰뚫어 보는 형형한 눈빛을 느낄 수 있습니다. 『쌍윳따니까야』 1권 「덧없음의 경」에는 죽음에 대한 부처님의 가르침을 만날 수 있습니다.

> 삶은 덧없고 목숨은 짧으니,
> 늙음을 피하지 못하는 자 조용히 쉴 곳이 없다.
> 죽음의 두려움을 꿰뚫어 본다면,
> 세상의 자양을 버리고 적멸을 원하리.

이 중 마지막 구절 "죽음의 두려움을 꿰뚫어 본다면, 세속의 자양을 버리고 적멸을 원하리."는 우리의 깊은 사색을 요구합니다. 세속의 자양은 음식, 물질, 명예 등 유혹을 일으키는 것들을 가리킵니다. 적멸은 열반, 즉 욕망의 불꽃이 꺼진 고요함을 뜻합니다. 부처님은 먼저 나고 죽는 무상의 현실을 깊이 보고 우리에게 죽음의 두려움을 꿰뚫어 보라고 합니다. '죽음의 두려움'에 대한 사색은 고도로 형식화된 수행이나 정미하고 숙련된 선정을 수행으로 알고 있는 우리에게 다소 낯선 화두입니다.

12연기법의 가르침에서 볼 수 있듯이, 세상의 욕망 가운데 가장 큰 것은 감각적 쾌락에 대한 욕망(갈애)과 이를 보장하는 소유에 대한 집착입니다. 그러나 죽음을 당해서는 이 모든 것과 이

별해야 합니다. 해탈한 선지식이나 종교지도자, 또는 세상의 권력이나 부를 소유한 누구라도 지금까지 누리던 모든 것과 이별해야 하는 사실 앞에서는 모두 평등합니다.

'죽음의 두려움'에 대한 부처님의 가르침은 매우 심오합니다. 부처님은 죽음에 대한 두려움을 단순히 물질이나 명예에 대한 집착에서 오는 것으로만 보지 않습니다. 테라 비구는 모든 소유를 버리고 홀로 떨어져 수행하며 지내는 수행자입니다. 그는 홀로 지내며 모든 집착과 떨어져 지내고 있다고 자부했습니다. 부처님은 테라 비구를 불렀습니다.

〔세존〕"테라여, 어떻게 그대는 홀로 사는 것을 찬양하며 홀로 지내는가?"
〔테라〕"세존이시여, 저는 홀로 마을로 탁발하러 들어가고, 홀로 돌아오고, 홀로 한적한 곳에 앉고, 홀로 거닙니다. 세존이시여, 저는 이와 같이 홀로 사는 것을 찬양하며 홀로 지냅니다."
〔세존〕"테라여, 그것이 홀로 사는 것이 아니라는 것이 아니다. 홀로 사는 것은 어떻게 완성되는가? 과거를 버리고 미래를 바라지 않으며, 현재에는 자신의 소유에 대한 욕망과 탐애를 모두 버리는 것이다. 이것이 홀로 사는 것이 완성된 것

이다."(「테라라는 이름을 지닌 수행승의 경」, 쌍윳따니까야)

부처님은 홀로 수행한다는 의미를 "과거는 버리고, 미래를 바라지 않으며, 현재에는 자신의 소유에 대한 욕망과 탐애를 모두 버리는 것이다."라고 설합니다. 자신의 소유를 연장하거나 확장하려는 집착은 미래에 대한 두려움을 일으킵니다. 그러므로 소유에 대한 집착은 우리의 마음속 깊이 과거와 현재와 미래라는 시간의식을 일으킵니다. 부처님은 우리의 의식이 시간에 묶여 있는 것을 통찰했습니다.

부모가 남긴 유산 문제로 형제간에 불화가 일어나는 경우가 많습니다. 부모의 죽음 앞에서 재산을 떠올리는 것은 과거와 미래에 대한 두려움이 있기 때문입니다. 시간에 묶이면 수행자도 유혹에 넘어집니다. 소위 '높은 자리'를 떠나면 자기의 인생이 앞으로 아무것도 아닐 수 있다는 두려움이 앞서 더욱 명예에 집착합니다. 마음속 시간은 참으로 탐욕과 분노를 일으키고, '나와 내 것'에 대한 집착을 일으키는 뿌리 깊은 두려움입니다. 수행자는 시간의 흐름을 그칠 때 고요하게 지낼 수 있습니다.

"과거에 있었던 것을 완전히 말려버리고, 미래에 그대에게 아무것도 생겨나지 않게 하십시오. 그리고 그대가 현재에 집착하지 않는다면, 그대는 평안하게 유행할 것입니다."

(「폭력을 휘두르는 자에 대한 경」, 숫타니파타)

부처님은 "일체의 형성된 모든 것은 나고 죽는 법이다"라고 무상에 대한 진리를 말씀하신 후, 제자들에게 한가한 무덤이나 빈 집, 또는 나무 밑에서 마음을 집중하여 깊이 성찰할 것을 강조했습니다. 나고 죽는 무상의 현실을 보는 것이 어려워서가 아니라, 소유에 대한 집착과 시간에 대한 두려움 등 내면의 어둠을 꿰뚫어 보기가 어렵기 때문입니다. 늙음을 벗어나지 못하는 자는 쉬지 못합니다. 삶과 죽음을 꿰뚫어 보면, 무아의 진실을 깨닫고 시간의 속박에서 벗어납니다. 시간의 그늘이 사라져야, 비로소 마음이 고요해집니다.

거대한 뿌리 - 연기와 무아

부처님은 생로병사의 모든 고통을 원인과 조건(因緣)으로 파악했습니다. 잘 알려져 있다시피, 이것을 연기법이라고 합니다. 연기법은 모든 현상이 원인과 조건에 의해 생성하고 소멸한다고 보는 관점입니다. 경전에서는 연기법을 이렇게 표현했습니다.

"이것이 있으면 저것이 있고,
이것이 생겨나면 저것이 생겨난다.
이것이 없으면 저것이 없고,
이것이 소멸하면 저것이 소멸한다."
(「다섯 가지 두려운 원한의 경」, 쌍윳따니까야. 전재성 역)

연기법은 부처님이 고통의 원인을 물으며 사색한 결과, 스스로 깨달은 진리입니다. 연기법에는 6연기, 8연기, 13연기 등 내적 사색과 성찰의 과정에 따라 다양하게 나타납니다. 그중 가장 대표적인 것이 12연기법입니다. 다음은 초기경전 『쌍윳따니까야』 중에서 연기법을 설한 「인연의 쌍윳따」(원인과 조건을 주제로 모은 경전군)에서 가장 먼저 나오는 경전입니다.

"수행승들이여, 연기緣起라는 것은 무엇인가? 무명을 조건으로 형성이 생겨나고, 형성을 조건으로 의식이 생겨나고, 의식을 조건으로 명색이 생겨나고, 명색을 조건으로 여섯 감역이 생겨나고, 여섯 감역을 조건으로 접촉이 생겨나고, 접촉을 조건으로 느낌이 생겨나고, 느낌을 조건으로 갈애가 생겨나고, 갈애를 조건으로 집착이 생겨나고, 집착을 조건으로 존재가 생겨나고, 존재를 조건으로 태어남이 생겨나고, 태어남을 조건으로 늙음과 죽음, 슬픔, 비탄, 고통, 근심, 절망이 생겨난다. 이 모든 괴로움의 다발들은 이와 같이 해서 생겨난다. 수행승들이여, 이것을 연기라고 한다.
그러나 무명이 남김없이 사라져 소멸하면 형성이 소멸하고, 형성이 소멸하면 의식이 소멸하고, 의식이 소멸하면 명색이 소멸하고, 명색이 소멸하면 여섯 감역이 소멸하고, 여섯 감역이 소멸하면 접촉이 소멸하고, 접촉이 소멸하면 느낌이 소멸하고, 느낌이 소멸하면 갈애가 소멸하고, 갈애가 소멸하면 집착이 소멸하고, 집착이 소멸하면 존재가 소멸하고, 존재가 소멸하면 태어남이 소멸하고, 태어남이 소멸하면 늙음과 죽음, 슬픔, 비탄, 고통, 근심, 절망이 소멸한다. 이 모든 괴로움의 다발들은 이와 같이 해서 소멸한다." (「연기의 경」, 쌍윳따니까야)

연기법의 현실적 의미는, 우리의 고통(우비고뇌; 슬픔, 비탄, 고통, 근심, 절망)은 '내 것'에 대한 집착에서 일어난다는 사실입니다. 집착은 갈애(愛)에서 일어나고, 다시 이 갈애는 느낌(受)에서 일어나며, 이 느낌은 여섯 가지 감각기관(六入; 눈 귀 코 등)이 바깥 경계를 접촉(觸)해서 일어납니다. 이러한 원인과 조건(연기법)을 이해할 때, 생각과 말과 행동과 생계활동(직업) 속에서 '내 것'에 대한 욕망과 집착을 내려놓는 수행(팔정도)이 일어납니다. 행복은 이처럼 욕망과 집착에 대한 내적 성찰에서 옵니다.

12연기를 성찰하면 자연스럽게 두 가지가 일어납니다. 마음이 가라앉고, 행복한 느낌이 일어나며, 사유하는 지성이 일어납니다. 그리고 부처님의 가르침을 기억하고 새기면, 자신의 생각과 말과 행위에 대해 섬세한 관찰을 하게 됩니다. 팔정도의 정정正定과 정념正念이 바로 그것입니다. 내적 성찰은 종교에서 매우 중요한 의미가 있습니다. 규모와 세력을 추구하는 종교는 성찰하는 사람보다, 시키는 대로 움직이는 신도나 관제 이데올로기를 비판없이 받아들이는 추종자를 좋아합니다. 부처님의 제자는 연기법을 성찰하여, 스스로 윤회나 다음 생에 대한 두려움과 공포, 또는 이기적 환생에 대한 유혹에서 벗어납니다. 또한 몸을 괴롭히는 고행을 통해 인간이 정화된다고 주장하는 고행자의 이론도 거부합니다. 부처님은 주문이나 제사를 거부했기 때문에, 불교에 귀의하는 사람이 늘어날수록 바라문들은 주문이나 제사로 보시를 받을 길이 줄어들었습니다. 그들은 부처님과 제자들이 마을에 들어오는 것을 막았습니다. 마을 입구에 있는 우물에 흙을 붓거나, 부처님과 제자들을 찾아가 모욕을 주었습니다.

연기법은 세상의 진리입니다. 여래는 단지 이 진리에 눈을 뜬 사람입니다.

"연기는 여래가 출현하거나 여래가 출현하지 않거나, 그 세계는 정해져 있으며, 원리로서 결정되어 있으며, 구체적인 것을 조건으로 한다."
"여래는 연기법을 올바로 깨닫고 꿰뚫었으며, 올바로 깨닫고 꿰뚫고 나서, 설명하고, 드러내어 사람들에게 '와서 보라'고 한다."(「조건의 경」, 쌍윳따니까야)

연기법을 깊이 이해하면 무아의 진리를 얻습니다. 예를 들어, 12연기법 중 '집착(取)'은 '갈애(愛)'에서 일어납니다. 비구 몰리야 팍구나는 부처님에게 '집착하는 자'가 누구냐고 물었습니다. 원인과 조건 속에 '자아'가 따로 존재하는지 물은 것입니다. 부처님은 이렇게 대답했습니다.

"그와 같은 질문은 적당하지 않다. 나는 '사람이 집착한다.'고 말하지 않았다. 만약 내가 '사람이 집착한다.'고 말했다면, 그 질문은 옳은 것이다. 그러나 나는 그렇게 말하지 않았다. 그러므로 오로지 '세존이시여, 무엇 때문에 집착이 일어납니까?' 하고 물어야 한다. 그것이 올바른 질문이다. 그것에 대한 올바른 대답은 이와 같다. '갈애를 조건으로 집착이 생겨나고, 집착을 조건으로 존재가 생겨난다.'"
(「몰리야 팍구나의 경」, 쌍윳따니까야)

부처님의 상수제자인 싸리뿟따(사리불)도 집착과 갈애는 조건의 생성일 뿐, 그 속에 원인을 만드는 '자기(自我)'나 '남(他)'이 없다고 했습니다.

〔곳티따〕"존자 싸리뿟따여, 집착은 스스로 만드는 것입니까? 집착은 남이 만드는 것입니까? 집착은 자신이 만들기도 하고 남이 만들기도 하는 것입니까? 혹은 집착은 스스로 만드는 것도 아니고 남이 만드는 것도 아닌, 원인 없이 생겨난

것입니까?"

〔싸리뿟따〕"벗이여, 꼿티따여, 집착은 스스로 만드는 것도 아니고, 집착은 남이 만드는 것도 아닙니다. 집착은 자신이 만들기도 하고 남이 만들기도 하는 것도 아니고, 집착은 스스로 만드는 것도 아니고 남이 만드는 것도 아닌, 원인 없이 생겨나는 것도 아닙니다. 집착은 갈애를 조건으로 생겨납니다. 벗이여, 두 갈대 묶음이 서로 의존하여 서 있는 것처럼 갈애를 의존하여 집착이 생겨납니다." (이하 명색, 의식, 여섯 감역, 접촉 등에 대해서도 같은 형식으로 대화가 이어진다.)

(「갈대 묶음의 경」, 쌍윳따니까야7)

생로병사의 괴로움이 일어나는 과정을 연기법적으로 관찰한 사람은 원인과 조건이 내가 아니며(非我), 그 속에 자아가 없는(無我) 진실을 깨닫습니다. 오온(색수상행식色受想行識)이 '내가 아니며, 그 속에 내가 없는' 도리를 깨달은 사람에게는 '멀리 여읨'이 일어납니다. '멀리 여읨'은 몸과 마음을 '나'라고 여겨온 지금까지의 관념이 진실이 아님을 볼 때 일어나는 '실존에서 떨어지는' 체험입니다. '멀리 여읨'이 일어난 사람은 자기를 늘 떨어져 봅니다. '멀리 여읨'은 삶과 죽음을 '내가 아닌 것(非我)'으로 바라보게 되는 개안開眼이기도 합니다.

'멀리 여읨'은 한문으로는 출리出離, 원리遠離, 또는 '싫어하여 떠남'의 뜻으로 염리厭離라고도 번역합니다. '멀리 여읨'은 '적멸(寂滅; 욕망의 불이 꺼진 고요함)'을 가져 옵니다. '무아'와 '멀리 여읨'과 '적멸'에 대한 부처님의 가르침은 초기경전 곳곳에서 발견할 수 있습니다.

"참으로 사람의 목숨은 짧으니, 백 살도 못 되어 죽습니다. 아무리 더 산다 해도 결국은 늙어 죽는 것입니다. 이것이 '내 것'이라고 생각하지만, 죽음으로 그것을 잃게 됩니다. 현명한 님은 이와 같이 알고 '내 것'이라는 것에 경도되지 말아야 합니다. '내 것'이라는 것에 탐욕을 부리면, 걱정과 슬픔과 인색함을 버리지 못합니다. 홀로 명상하며 유행하는 수행승이라면, 정신적으로 '멀리 여읨'을 좋아하고, 자신을 존재의 영역(거처)에 드러내지 않는 것이 그에게 어울리는 일입니다. '멀리 여읨'을 배우시오. 이것은 고귀한 님들에게 최상의 일입니다."(「늙음의 경」과 「띳싸 멧떼이야의 경」, 숫타니파타)

〔질문자〕"그대 태양족의 후예이신 위대한 선인께 '멀리 여읨'과 '적멸'의 경지에 대해서 여쭙니다. 수행승은 어떻게 보아야 세상의 어떤 것에도 집착하지 않고 열반에 듭니까?"
〔세존〕"현명한 자라면 '내가 있다'고 생각하는 희론적 개념

의 뿌리를 모두 제거하십시오. 어떠한 갈애가 안에 있더라도 새김을 확립하여 그것들을 제거하도록 공부하십시오. 안으로 뿐만 아니라 밖으로 어떠한 현상이든 잘 알 수 있더라도, 그러나 그것을 고집하지 말아야 합니다. 참사람에게 그것은 소멸이라 불리지 않기 때문입니다. 그 때문에 '우월하다'든가 '열등하다'든가 혹은 '동등하다'라고도 생각해서는 안 됩니다. 여러 가지 형태로 영향을 받더라도, 자기를 내세우는 허구를 만들지 말아야 합니다. 수행승은 안으로 평안해야 합니다." (「서두름의 경」, 숫타니파타)

[존자 도따까] "널리 보는 눈을 가진 님, 싸끼야(석가)여, 저는 당신께 예배드립니다. 저로 하여금 온갖 의혹에서 벗어나게 해주십시오."

[세존] "도따까여, 나는 이 세상에서 어떠한 의혹을 가진 자라 할지라도 해탈을 시켜주지는 못합니다. 다만 그대가 으뜸가는 가르침을 안다면, 그대 스스로 거센 물결을 건너게 될 것입니다."

[존자 도따까] "거룩한 님이여, 자비를 베풀어 제가 알고 싶은 '멀리 여읨의 원리'를 가르쳐주십시오. 저는 마치 허공처럼 평화롭게, 이 세상에서 고요하고 집착 없이 유행하겠습니다."

〔세존〕"시간적으로나, 위로 아래로 옆으로 가운데로나, 그대가 인식하는 어떤 것이라도, 그것을 세상에서의 집착이라 알아서, 존재와 비존재에 대한 갈애를 일으키지 마십시오."
(「학인 도다까의 질문에 대한 경」, 숫타니파타)

"멀리 여읨의 맛을 보고,
적정의 맛을 보고,
진리의 기쁨의 맛을 본 사람은
악을 여의고 고뇌를 여읜다."
(『법구경』, 전재성 역)

부처님에게는 출가자뿐만 아니라 재가자 중에도 눈 밝은 제자들이 많았습니다. 찟따(짓다라) 장자도 그중 한 사람입니다. 장자는 교리에도 이해가 깊었습니다. 다음은 찟따 장자가 병상에 누워 있을 때의 이야기입니다.

한때 장자 찟따는 병이 들어 괴로워했는데 아주 중병이었다. 그러자 많은 하늘사람들이 모여와 장자 찟따에게 이와 같이 말했다.
"장자여, 그대는 서원에 따라 미래세에 전륜왕이 될 것입니다."
이와 같이 말하자, 장자 찟따는 그들 여러 하늘사람들에게 이와 같이 말했다.

"그것 역시 무상한 것이고, 그것 역시 불안한 것이고, 그것 역시 버려야 할 것입니다."

장자가 깨어나자 장자 찟따의 친구, 동료, 친지, 혈족들이 장자 찟따에게 물었다.

"고귀한 아들이여, 그들 여러 하늘사람들은 어떤 이유로 '장자여, 그대는 서원에 따라 미래세에 전륜왕이 될 것이다.'라고 말했습니까?"

장자 찟따가 말했다.

"그들은 '이 장자 찟따는 계행을 지키고 착하고 건전한 가르침을 지킨다. 만약 그가 미래세에 전륜왕이 되겠다고 서원을 하면, 계행을 지키는 자가 마음에 둔 서원은 청정하기 때문에 성취될 것이다. 정의로운 자에게 바른 결과가 따를 것이다.'라고 생각했습니다. 그래서 여러 하늘사람들이 모여 와 나에게 '장자여, 그대는 서원에 따라 미래세에 전륜왕이 될 것이다.'라고 말했습니다. 그래서 나는 그들에게 '그것 역시 무상한 것이고, 그것 역시 불안한 것이고, 그것 역시 버려야 할 것이다.'라고 말한 것입니다." (「간병의 경」, 쌍윳따니까야)

찟따 장자처럼 '멀리 여읨'과 '무아'의 진리에 투철한 사람은, 제사를 지내거나 주문을 외워 금생의 복을 얻거나 다음 생의 부귀를 약속하는 어떤 유혹에도 흔들리지 않습니다. 오직 자신의 생각과 말과 행위에 숨어 있는 탐욕과 분노와 무지에 대해 깊은 성찰을 합니다. '무아'의 진리가 '연기법'에서 얻어진 깨달음이라는 사실은 중요한 의미가 있습니다. '무아'의 깨달음은 논리적인 추론이나 과학적인 지식의 대상이 아니라, 욕망과 집착의 원인을 사유하는 연기법적인 성찰에서 일어나야 합니다. 불교의 거대한 뿌리라고 할 수 있는 연기와 무아의 성격을 다시 사색하며, 오늘 우리의 수행을 돌아봅니다.

평생의 수행

인도는 오후에는 해가 뜨거운 지역입니다. 그래서 부처님께서 다른 지역으로 전법을 나설 때는 으레 새벽에 길을 떠났습니다. 그리고 11시쯤 마을에 들어가 밥을 빌었습니다. 오후에는 제자들과 함께 숲속에서 사색과 삼매에 드셨습니다. 저는 늘 부처님과 제자들이 숲속에 모여 고요하게 삼매에 들거나 함께 진리에 대해 토론하는 모습을 마음속에 그리곤 했습니다. 그런 모습을 생각할 때마다 그분들이 어떤 삼매에 들었는지 궁금했습니다.

그러다 도반들과 함께 『우다나(감흥어린 시구)』를 공부하면서 궁금한 점이 조금씩 풀리기 시작했습니다. 부처님은 진리의 길을 함께 걷는 도반의 중요함을 일찍이 간파하고, 도반들이 모여 서로 수행을 격려하고 법담을 나누는 것을 매우 중요하게 여겼습니다. 좋은 도반과 함께 지내는 것은 수행의 전부라고까지 말했습니다. 그래서 불교에서는 좋은 친구(선지식)를 스승이라는 뜻으로 쓰기도 합니다. 부처님은 마음이 성숙하지 못했을 때 다섯 가지 원칙을 지니라고 했는데, 그중 첫째가 좋은 도반과 함께 지내는 것입니다. 참고로 다섯 가지 원칙은 다음과 같습니다.

① 좋은 벗과 사귈 것.
② 먼저 배운 벗에게서 계율을 배우고 지켜, 사소한 잘못에서도 두려움을 볼 것.
③ 좋은 벗에게서 해탈에 도움이 되는 법담(삼매, 열반, 소욕, 지혜)을 들을 것.
④ 선을 기르고 악을 물리치는 노력을 할 것.
⑤ 괴로움이 일어나고 괴로움을 소멸하는 진리(사성제)에 대한 지혜를 갖출 것. (「메기야의 경」, 우다나, 전재성 역)

부처님은 다섯 가지 원칙을 세운 다음에는 네 가지 수행을 닦아야 한다고 가르칩니다.

① 탐욕을 제거하기 위해 부정관不淨觀을 닦는다.
② 분노를 제거하기 위해 자애慈愛를 닦는다(자애관).
③ 잡념과 번뇌를 제거하기 위해 호흡에 대한 새김을 닦는다(호흡관).

④ '내가 있다'는 자만을 제거하기 위해 무상無常에 대한 자각을 닦는다(무상관). (「메기야의 경」)

위 네 가지 관법수행을 자세히 살펴보면, 가히 불교의 전부라고 해도 과언이 아닙니다. 이 네 가지 수행은 실천할 때 그 가치가 온전히 드러납니다. 수행과 관련하여 경전에 나타나 있는 부처님의 가르침을 정리해 봅니다.

가) 부정관
우선 부정관은 자신이나 타인의 더럽고 냄새나고 여러 가지 오물을 흘리는 깨끗하지 않은(부정不淨) 모습을 관하는 수행입니다. 그리하여 몸에 대한 교만을 버리게 됩니다. 저 나름대로 초기경전을 본 견해로는, 부처님이 처음 제자들에게 가르친 수행법은 부정관입니다. 초기 제자들은 부정관으로 단박에 '멀리 여읨'을 얻었으며, 무아를 깨달았습니다. 관점에 따라서는, 이 수행법은 가히 최고의 근기를 위한 돈오의 수행법이라고 할 수 있습니다. 『숫타니파타』의 「승리의 경」이나 『법구경』의 '11장-147'은 부정관에 대한 가르침이 담겨 있습니다.

나) 자애관
자애관은 어머니가 목숨을 다하여 외아들을 지키듯 모든 생명에 대해 끝없이 포용하고 자비로움을 기르는 수행입니다. 숫타니파타에 나오는 「자애의 경」과 법구경 '25장-376'은 자애관을 잘 가르쳐줍니다. 부처님은 깨어 있는 동안 늘 자비의 마음을 지키라고 설했습니다. 자애관은 보통 명상 속에서 자비의 이미지를 갖는다고 생각하기 쉽지만, 구체적인 행동을 통해 나타나야 합니다. 「자애의 경」의 가르침에 따르면, 출가자는 재가자가 말을 건네기 편해야 하며, 재가자가 공양하기 쉽도록 먹고 입는 것이 소박해야 합니다. 자비는 이렇게 추상적인 이미지가 아니라, 인간관계 속에서 남을 위한 배려이자 성숙한 행동으로 나타납니다. 한 사람 한 사람 떠올리며 관계 속에서 자신의 마음을 살피는 자애관은 올바른 행동을 가져옵니다.

다) 호흡관

호흡관은 자신의 호흡을 지켜보는 명상입니다. 호흡이 길면 긴 대로, 짧으면 짧은 대로 하나하나 알아채는 관법입니다. 이 관법은 일반적인 요가수행과는 달리, 호흡을 조절하지 않습니다. 호흡관을 오래 닦으면 관찰력이 깊어지며 심신이 맑아집니다. 호흡관은 처음 시작할 때는 단순해 보이지만 수행할수록 탐욕과 분노를 가라앉히며, 사성제를 사색할 수 있는 지적 통찰력을 길러 줍니다. 이처럼 호흡관은 부처님의 가르침이 일어나는 수행법입니다. 호흡관은 우다나 「바히야의 경」과 쌍윳따니까야 「베쌀리의 경」에 자세한 수행법이 설해져 있습니다.

라) 무상관

무상관無常觀은 생로병사를 꾸준히 관찰하는 수행입니다. "무상에 대한 자각을 성취하면, 무아에 대한 자각이 성취되고, 무아에 대한 자각을 성취하면, '내가 있다'는 교만을 제거하여 현세에서 열반을 이룬다."고 부처님은 말했습니다. 생로병사를 관하면, 이 세상에 '나와 내 것'이 없는 삶의 진실을 깨닫게 됩니다. '나와 내 것'에 집착할 때 남과 다투게 되며 교만이 일어납니다. 무상관은 불교의 핵심적인 교리를 터득하여 해탈을 얻는 수행법입니다. 무상관은 증일아함경 제31권 「역품力品」과 법구경 '21장-393'에 자세한 내용이 설해져 있습니다.

초기경전을 읽다보면 부처님과 제자들이 들었던 삼매는 주로 이 네 가지 관법에 대한 명상인 것을 알 수 있습니다. 현재 우리나라의 장자 종단인 조계종에는 간화선이라는 훌륭한 수행법이 내려오고 있습니다만, 실로 부처님이 살아 있었을 당시에 제자들은 평생 이 네 가지 수행을 닦았습니다. 네 가지 수행법이 훌륭한 방편인 것은 누구나 쉽게 접근할 수 있다는 데 있습니다. 수행자는 무상과 무아의 진리에 눈을 뜨게 되고, 마음의 평화를 얻게 됩니다. 부처님의 수제자 싸리뿟따(사리불)이 부처님에게서 배운 것은 전생을 보는 투시술이나 신통력이 아니라, 오직 '고통과 고통의 소멸'이라고 말한 까닭이 여기에 있습니다. 부처님 역시 같은 수행을 닦으며 자신을 지켰습니다.

  사람의 심성 중 큰 뿌리는 탐욕과 분노입니다. 자유와 해탈은 이 깊은 뿌리를 들춰내고 성찰하지 않으면 관념적인 사상누각에 불과합니다. 자기의 수행이 관념적인 지식에 머물러 있는지 아닌지는, 스스로 자신의 삶에서 일어나는 탐욕과 분노를 보면 가늠할 수 있습니다. 인간관계에 대한 깊은 사색과 통찰 없이 자비만 마음속에 떠올리는 명상은 혼자만의 이미지 훈련(Image training)에 머물 뿐, 타인을 위해 탐욕과 분노를 버리는 성숙한 행동이 나오기 어렵습니다. 세상은 우리 자신을 비추는 거울입니다. 탐욕과 분노의 심연을 본 사람은 수행의 가치를 받아들입니다. 그러므로 진지한 수행자는 도반과 함께 평생 수행을 하며, 깨달음을 얻고 열반(욕망의 불이 꺼짐)을 다집니다. 네 가지 관법을 조금이라도 수행해보면, 불교의 수행은 자기와 타인을 모두 이롭게 한다는 사실에 공감하게 됩니다.

여운如雲 김광하

연세대학교 상경대학(경영학과)을 졸업하였다(1976).
대학 때 구본명 교수의 노장철학 강의를 들었고, 졸업 후 보림선원 백봉 김기추 선생에게서 불교를 배웠다.
그 후 직장생활을 하며 불교와 노장을 읽어왔다.
지난 10여 년 동안 불교봉사단체(작은손길)에서 활동하며 유마거사의 길을 배웠다.
저서로『자기 안의 선지식』,『금강경과 함께 역사 속으로』,『금강경-깨달음에는 길이 없다』,『노자 도덕경』,『길 위의 삶 길 위의 화두』,『무문관 강송』,『붓다를 기억하는 사람들』 등이, 편저서로 외국인 노동자를 위한 불교 안내서인『Buddhist is your friend』와『탈북 청소년을 위한 부처님의 전생 이야기』가 있다.

숫타니파타 독후감

초판 1쇄 인쇄 2018년 2월 13일 | **초판 1쇄 발행** 2018년 2월 20일
지은이 김광하 | **펴낸이** 김시열
펴낸곳 도서출판 운주사

(02832) 서울시 성북구 동소문로 67-1 성심빌딩 3층
전화 (02) 926-8361 | 팩스 0505-115-8731

ISBN 978-89-5746-505-9 03220   값 13,800원

http://cafe.daum.net/unjubooks 〈다음카페: 도서출판 운주사〉